심연 속으로

영국 UCL 정신 건강 연구소 소장
앤서니 데이비드의 임상 사례 연구 노트

심연 속으로

Into the abyss

앤서니 데이비드 지음 | 서지희 옮김

타인의사유

인간의 정신적 삶에 대해 이야기하기에 앤서니 데이비드보다 적합한 사람이 또 있을까. 이 책을 통해 잠시나마 저자가 돼서 정신건강 의학과 의사의 진료실이라는 사적인 영역과 그가 만나는 사람들의 마음속을 들여다보게 된다.

— 데이비드 이글먼, 스탠퍼드대학교 신경 과학과 교수,

《우리는 각자의 세계가 된다》의 저자

정신병이라는 풀리지 않는 미스터리와 이것을 소위 신체적 질병보다 덜 현실적이고 덜 중요하다고 보는 잔인한 오류에 대해 아주 생생하고 매력적이고 열정적으로 항변한 책이다.

— 헨리 마시, 신경외과 전문의, 《참 괜찮은 죽음》의 저자

골치 아픈 내용이 아닐까 생각했는데 금세 푹 빠져버렸다. 재치 있고 인간적이며 매력 있는 책이다.

— 조 브랜드, 코미디언, 작가

이 책에는 저자의 환자에 대한 열정이 가득하다. 이는 그의 사려

깊은 의료적 개입과 그가 생생하게 전달하는 의사 대 환자의 대화에서뿐만 아니라, 무의미한 규범이나 절차가 치료에 방해가 될 때 관련 기관이나 담당자에게 적극적으로 항의하는 태도에서도 잘 드러난다.

- 스튜어트 리치, 에든버러대학교 심리학과 교수

앤서니 데이비드의 이야기는 끌림이 있고 그의 어조는 놀라운 분위기를 만들어낸다는 점에 있어서 신경과 전문의이자 다수의 작품을 집필한 작가였던 올리버 색스에 비견할 만하다. 이 책을 읽다 보면 마치 누구나 예기치 못하게 굴러 떨어질 수도 있는 아주 깊은 골짜기 끝에 서 있는 것만 같다.

- 〈뉴욕 타임스〉

이 책은 저자의 쉽고 명확한 설명과 다정하고 주의 깊고 재치 있고 매력 넘치는 묘사를 통해 독자들에게 다양한 사례를 소개하고 있다.

- 〈포티언 타임스〉

깊은 감동을 주는 책이다.

- 〈BBC 사이언스〉

요즘에는 하루가 멀다 하고 정신 건강에 대한, 좀 더 적절하게 표현하자면 좋지 않은 정신 건강 상태에 대한 기사를 쉽게 찾아볼 수 있다. 기사에 따르면 남녀노소 할 것 없이 점점 더 많은 사람들이 정신 건강 문제에 시달린다고 한다. 이제껏 당연하게 여겼던 행동에 의학적 진단이 내려지면서 약이나 치료에 의존하는 사람들이 늘어나고 있다고도 한다. 언론은 과잉 진단과 삶의 의료화를 개탄하기도 하고, 이 모든 것을 현대 사회의 병폐로 돌리기도 한다. 그들이 지적하는 현실 문제는 소셜 미디어, 성폭력, 마약, 빈곤, 부(富), 가부장제, 페미니즘, 종교 또는 종교의 부재 등 끝이 없다.

이러한 현상을 이해하는 일을 업(業)으로 둔 사람으로서 이들로부터 한 걸음 물러나 생각해보니 몇 가지 떠오르는 게 있다. 언론이 주목하는 다수의 논쟁거리가 그럴듯하게 들리기는 하지만 하나같이 사회적 혹은 정치적 관점을 취한다는 것이다. 반면에 사람들이 가까운 이들에게 살아가면서 겪는 문제에 관해 이야기할 때는 개인적인 경험, 가족 문제, 인간관계에만 집중하는 경향이 있다. 내 주변만 해도 신체 질환, 생화학적 과정, 유전학, 뇌에 대해 깊게 고민하는 사람은 드물다.

현대의 정신 의학은 생물학, 심리학, 사회학을 한데 엮어 정신 장애의 '생물 심리 사회적' 모형을 만들었다.[1] 나를 비롯한 관련 분야 종사자는 이러한 업적을 매우 자랑스럽게 여긴다. 이 모형은 우리의 전문 지식과 믿음에 대한 거부를 함께 보여주기 때문이다. 다만 이 모형을 적용하는 게 쉽지 않다. 새로운 환자를 대할 때마다 우리는 생물적, 심리적, 사회적 관점 중에서—이 중에 있다면—가장 중요한 것을 결정해야 한다. 그렇지 않으면 모든 것을 설명하면서도 아무것도 설명하지 않는 이론만 남게 된다.

환경의 영향에서 유전자의 기여도를 분리하는 한 방법은 같은 DNA를 갖고 태어난 쌍둥이를 연구하는 것이다. 한편으로, 각 개인이 속한 전체 집단에서 전쟁, 불황, 마약 합법화, 새로운 치료법 등의 영향도 살펴볼 수 있다. 뿐만 아니라 동물 실험, 뇌 스캐너와 기타 신기술을 이용한 연구 등 연구실에서 수행되는 보다 전형적인 '과학적' 연구도 있다. 하지만 최고 수준에서 이러한 연구가 이뤄진다고 하더라도 보통은 집단 평균으로 적용될 수밖에 없다. 과학이 제아무리 강력한 힘을 지닌다 한들, 나는 독특한 상황에 놓인 개인이나 환자를 상대할 때면 아주 단순하고 기본적인 질문—그들은 왜 그런 기분을 느낄까? 그는 왜 그런 행동을 했을까? 그녀에게 왜 그런 일이 일어났을까?—에 대한 답조차 찾아낼 수 없어 어려움을 겪는다. 극단적인 경우에는 이런 설명적 간극이 아주 깊은 틈처럼 느껴지기도 한다. 20세기 철학자이자 정신

의학자인 칼 야스퍼스는 이를 심연abyss으로 묘사하기도 했다.[2]

《심연 속으로》는 등산 가이드처럼 목표나 방법이 뚜렷한 성격의 책이 아니다. 물론 나의 작업이 등산할 때처럼 꾸준한 인내심이 필요하다는 데에서 일맥상통하는 면은 있다. 이 책은 보이긴 하지만 손이 닿지 않는 뭔가에 대해 다룰 것이다. 이를테면, 저 아래 깊은 곳에 있는 위험, 어둠 같은 것에 대해서 말이다. 야스퍼스에 따르면, 심연은 '우리'가 '미친' 혹은 '제정신이 아닌' 마음을 이해하지 못하도록 갈라놓는, 뚫고 들어갈 수 없는 나라와 같다. 나에게 '심연'은 무력함에 대한 경고이자 공표이면서 동시에 일종의 도전이다.

내가 정신 의학에 입문하는 데 영향을 준 사람은 1960, 70년대에 활동한 글래스고 출신의 급진적인 사상가 로널드 데이비드 랭이었다. 랭은 야스퍼스의 추종자였으나 나중에 현실과의 접촉이 가장 덜 안정적인, 즉 정신적 장애가 극심한 사람들과도 가까워질 수 있다고 확신하게 됐다.[3] 랭에게 있어 심연을 건너는 일을 방해하는 요소는 객관성─과학적 방법으로 정의된 입장을 취하는─이었다. 한때 급진적임을 자처했기에 랭의 발자취를 따를 수도 있었지만 이는 내가 진정으로 추구하는 바는 아니었다. 굳이 따지자면 나는 경험론과 신중한 추론이 바탕이 된 확고한 기반을 선호하는 쪽이다. 이는 내가 영국에서 뛰어난 정신 의료 기관으로 꼽히는 곳에서 받은 수련의 과정의 영향이 크다. 그렇다고 하더라도 나는 다른 사람의 마음속에서 무슨 일이 벌어지고 있는지 이해하려는 최소한의 노력을 하고 있다.

야스퍼스는 인간 행동을 크게 '유의미한' 것과 '인과적인' 것 2가지로 구분 지어 이해했다. 유의미한 인간 행동은 동정 및 공감하기, 이야기하기, 과거의 형성적 경험—하나의 연속된 호(弧) 상에 놓여 있는 듯한—되돌아보기에 관한 것이다. 하지만 삶을 바라보는 이 강력하고, 때로는 아름답기까지 한 방법은 어쩌면 환상일 수 있다. 그도 그럴 것이 우리는 살아가면서 DNA, 질병, 심지어 우연에 의한 인과적 영향에 끊임없이 시달린다. 다시 말해, 인간은 의지와 상관없이 수많은 일을 겪는다.

현대 정신 의학은 인간의 본성을 둘러싼 의문에 대한 해답을 얻기 위해 신경 과학의 도움을 받을 필요가 있다. 정신 건강 의학과 의사로서 나의 성향도 그러했다. 그렇지만 신경 과학의 일부 분야—예를 들면, 현대 정신 약리학—는 책임질 일이 많다. 오늘날의 뇌 속 신경 전달 물질과 생화학적 전구물질은 종종 고대의 체액에 상응하는 것으로 묘사되곤 한다. 고대 그리스인들이 혈액과 담즙이 다혈질, 우울질 등을 결정한다고 여겼듯이, 현대인들에게는 도파민과 세로토닌이 있는 것이다. 참고로, 도파민은 자극을 준다고 알려져 있으며 세로토닌은 기분을 좌지우지한다. 이외에도 '흥분'을 유도하는 아드레날린과 '쾌감'을 주는 엔도르핀 등 많은 것이 있다.

도파민의 경우, 너무 적으면 파킨슨병에 걸리고 너무 많으면 조현병에 걸린다. 그렇다면 이 2가지가 동시에 나타나는

chapter 1에 언급된 환자는 어떨까? 도파민의 역할을 이해하지 않고서는 그녀가 어떤 상태인지 제대로 파악할 수 없다. 다만 생화학적 불균형에 의해 형성되고 변형된 그녀의 불확실한 상태는 그녀를 진단하는 데 있어 방해가 되기보다 오히려 보다 넓은 시야를 제공해줄 것이다.

단, 한 가지 필연적인 생물학적 실체가 있긴 하다. 바로 우리의 목 위에 있는 작은 보호 상자 속에 차분하게 자리 잡은 지방질 덩어리다. 뇌는 고체이지만 연약해서 쉽게 손상될 수 있으며, 두개골의 보호를 받고 있으나 그리 대단한 수준은 아니다. 그러니 빠르게 돌진해 오는 자동차 같은 것을 당해낼 리 만무하다. 만약 당신이 chapter 2에 등장하는 남성같이 외상성 뇌손상에서 살아남았다면, 당신 역시 당신의 뇌가 살아남은 거처럼 희망적으로 신체 회복을 위한 여정을 시작하려고 할 것이다. 이런 식으로 신체와 정신을 분리하는 일은 절망적으로 이원화된 사고방식에서 비롯된다. 우리는 다듬어지지 않은 지각과 직관을 당연히 주어지는 것으로 여기고, 모든 것의 배경에 매 순간 생각하는 뇌가 있다는 사실을 의식하지 못한다. 수백 년간 철학자들은 이 둘의 통합이라는 환상을 세세하게 파헤쳐왔지만, 우리는 보통 뇌손상에 의해서만 그러한 통합을 알아차리고 '신체'와 '정신'의 분리를 목격하기 시작한다. 제 기능을 못하는 환자의 뇌가 그 격차를 이해하려고 애쓸 때 환자의 추측과 기대는 사회적, 물질적 세계와 일치하지 않을 수 있다. 부상에 대한 개인 특유의 반응을 이해할 수 있는 방법이 뇌 해부뿐인 경우도 간혹 있다. 어쩌면 이해의 심연이라는 것은 아예 존재하지 않는 것인지도 모른다.

이 책의 종합적인 목표는 장애를 가진 사람들과 그렇지 않은 사람들 사이의 이해 격차를 메우는 것이다. 단, 처음부터 끝까지 이어지는 강력한 암묵적 주제가 있으니 바로 개인과 사회의 관점 사이에서 발생하는 갈등이다. 예를 들어, chapter 4에서 볼 수 있듯이 병원과 진료실 안팎에서 인종 차별, 인종 정체성 같은 엄청난 사회적 영향력의 존재를 확인하게 될 수도 있다. 편견에 직면한 개인은 치료적 관계에서 안정적인 무게 중심, 보다 자연스러운 리듬, 익숙하고 편안한 상태를 찾을 때까지 극단적인 기분 사이를 왔다 갔다 한다. 그런데 혹시 치료적 관계가 힘의 불균형을 지속시키는 장본인은 아닐까? 또 다른 강력한 사회적 영향력은 여성의 몸과 소비 윤리에 대한 기대로, 의학적으로는 '섭식 장애'와 관련된다. chapter 5에서는 허기와 생식이라는 생물학적 필수 요소에 의해 뒷받침되는 그런 기대가 우리 머릿속의 신체상과 함께 삶 속에서 어떻게 내면화되는지 탐구한다. 하지만 사회가 그런 기대로 우리를 설득할 수 있다는 건 우리 스스로가 그런 기대에 설득되지 않을 기회가 있음을 시사한다.

개인과 사회의 갈등은 한 개인이 자살에 맞서려고 할 때 특히 더 극명하게 나타난다. 사실, 사회학이 하나의 학문 분야가 된 계기는 19세기 말에 이뤄진 문화 및 인구학과 관련된 자살 연구였다. 언론 이야기로 돌아가 보면, 우리는 자살─여성보다 남성에게서 2배 더 흔한—이 '남성성의 위기'와 남성이 자기 감정에 대해 이야기하는 것을 금기시하는 문화적 강요 때문이라는 가짜 합의점을 찾는 경향이 있다. 실업, 알코올, 약물 남용 같은 더 큰 사회적 요인은 유일하면서도 가장 큰 위험 요인인 정신 장애와 더불어 경시되곤 한다. 자살은 많은 사람들이 추앙하는 문학 작품에 자주 등장한다. 셰익스피어의 여러 희곡에서도 마찬가지다(《햄릿》,《맥베스》,《로미오와 줄리엣》,《안토니와 클레오파트라》를 떠올려보자). 그러면서 효과적인 자살 예방 방안을 개인의 자기 성찰이 아닌 인구 전체 수준에서 찾으려고 한다. 이를테면, 석탄 가스를 천연가스로 전환하기, 지하철역에 차단벽 설치하기, 심지어 약국에서 파라세타몰 판매 제한하기 등을 통해서 말이다. 자살은 숭고한 존재인 우리를 시시한 존재로, 광범위한 역사를 개인의 외로운 투쟁이라는 자질구레한 일로 만들어버린다. 사람이 스스로 목숨을 끊는 이유를 정확하게 알아내는 방법은 없다. 그렇기 때문에 chapter 3에서처럼 자살에 관해 이야기를 하게끔 만드는 것인지도 모른다.

유의미한 설명과 인과적인 설명이 만나면 갈등이 발생하기 마련이다. 이 둘이 같은 공간에서 만나면 전면전도 벌어질 수 있다. 특히 이런 일이 정신 건강 의학과 진료실에서 일어날 경우, 그 진료실의 불운한 의사는 무고한 구경꾼이 되기 쉽다. 그러나 이는 정신 건강 의학과 의사들을 너무 쉽게 보는 것일 뿐 아니라 이들의 공헌을 깎아내리는 것이다. 나아가 어떤 사람들은 정신 의학 자체를 문제 삼으며 국가의 대리인, 즉 말 그대로 '사상경찰'이라 부르기도 한다. 과도한 비난이지만 정황적으로 이를 뒷받침하는 증거가 있긴 하다. 의사 가운데 오직 정신 건강 의학과 의사만 환자를 구금하고 강제하는 권한을 갖기 때문이다. 정신 건강 의학과 의사는 치료를 거부하는 환자에게 치료를 강요할 수 있고(chapter 1, 4, 6), 환자를 가족과 격리시킬 수 있다. 사실 정신 건강 의학과 의사는 사회의 규범과 가치를 옹호하되, 이를 위한 영업 사원 역할을 하거나 수동적 매개체가 돼서는 안 된다. 정신 건강 의학과 의사는 익명으로 활동하거나 성별, 인종, 계급, 또는 권력을 숨길 수 없다. 만일 의사들이 이런 속성 뒤에 숨는다면 개인과 사회의 간격을 메우기는커녕 그 간격 자체를 보지 못할 것이다. 물론 갈등이나 충돌에 관한 책이라고 하면 부정적인 내용이 연상되고 결말도 행복하지 않을 것 같지만, 이러한 글을 통해 변화의 가능성이 있는 잠재적 에너지를 발견해나갈 수도 있다.

마지막 장(chapter 7)에서는 내가 비슷한 시기에 만났던 두 사람의 이야기를 통해 이 책의 앞부분에 등장한 주제를 다시 다룬다. 밝혀진 바에 따르면, 서로 상당히 다른 그들의 이야기 속에는 정신 건강 연구 및 실무가 지난 세기에 (그리고 고대에서부터) 걸어온 여정의 상당 부분이 요약돼 있다. 고대 그리스인들은 앞서 언급한 체액뿐만 아니라, 자궁 같은 장기들의 역할 및 이들이 여성의 몸속에서 '히스테리'로 알려진 고통을 야기하는 방식에 대한 특이한 생각을 갖고 있었다. 안정적이고 존경받는 신경학자였던 프로이트를 불확실하고 때때로 성적 논쟁까지 유발하는 정신 장애의 영역으로 끌어들인 게 이 히스테리라는 질환이다. 그로부터 1세기가 지난 현재까지도 우리는 프로이트를 괴롭힌 딜레마와 불확실성을 두고 똑같이 씨름하고 있다.

이 책의 후반부는 뇌와 정신이 어떻게 상호 작용하는지, 혹은 어떻게 지배권을 두고 다투는지에 관한 내용으로 이뤄진다. 이로 인해 사적인 가족 드라마가 연출될 수도 있으며(아니면 이런 드라마로 인해 특정 상황이 촉발될 수도 있다) 이 드라마는 생의학이라는 극장에서 상연된다. 그러면 우리는 정신 건강 의학적 치료에서 가장 대표적이면서도 논란이 많은 물질적인 것과 비물질적인 것 간의 충돌을 상징하는 전기 경련 요법(chapter 6), 그리고 이보다 순하고 현대적인 버전인 경두개 자기 자극술(chapter 7)을 찾게 된다.

이 책에 실린 환자 기록은 개인과 공공의 신념이 매우 파괴적일 수도 있지만 동시에 더 나은 변화를 모색하거나 나아가 치유하는 데 도움이 될 수 있음을 보여준다. 나는 기억, 편견, 혹은 다른 영향을 받았기에(이들은 예나 지금이나 나의 허를 찌른다) 내 이야기가 편파적이고 왜곡됐음을 알고 있다. 이 책에 실린 사람들은 저명한 학습 경험의 사례자들이며, (다른 사람들은 몰라도) 적어도 나만큼은 스스로를 이해하는 데 도움이 됐다. 처음에 일부 독자들은 나의 무지에 경악할지도 모르나 나는 받아들일 준비가 돼 있다. 이런 비판을 받기 위해 마음의 준비를 하는 건 썩 기분

좋은 일은 아니지만 반드시 필요한 일이다. 나에게는 늘 성장 중인 정신 건강 및 질병에 대한 지식체가 있다. 생물학과 사회 과학에 기초를 둔 교과서며 학술지 등에 담겨 있는 이 지식체는 너무 방대해서 더 이상 도서관에 들어갈 수도 없다. 나의 목표는 독자에게 부담을 주지 않는 선에서 그 축적된 자료(나는 지혜라는 말보다 이 용어를 선호한다)를 인용하는 것이다. 이 자료들을 다 읽어야 하는지 지적을 받을지도 모르나 일부 자료는 있으면 안심이 되는—필요한—존재이기에 그 자리에 둔 것이다. 군이 이런 변명 아닌 변명을 하는 이유는, 나 역시 정신 건강 의학을 조금이라도 더 쉽게 알려줘야 한다는 데 뜻을 같이하고 있음을 언급하기 위해서다. 정신 건강 의학은 신비로울 수는 있으나 그렇다고 초자연적인 것은 아니다. 단, 한 공간에서 단둘이 대화를 나누다 보면 놀라운 경험을 하게 되는 경우도 있다.

목차

나의 가족에게

chapter 1 .

도파민
dopamine

조현병은 뇌의 핵심 영역에 도파민이 너무 많아서,

파킨슨병은 도파민이 너무 적어서 발생한다

내가 제니퍼를 처음 만났을 때 그녀는 내과 병동에 가만히 누워 있었다. 말 그대로 아무런 미동도 없이. 제니퍼는 등을 대고 누워 있었는데, 등이 살짝 구부러져 있었고 머리가 베개에 닿긴 했으나 완전히 기댄 건 아니었다. 그녀는 복잡하고 모순적인 문제들 때문에 약물 치료를 중단한 상태였다. 그러다 체중이 줄고 탈수 증상이 생기면서 결국 응급 환자로 입원을 하게 됐다.

제니퍼는 30대 중반으로 평범한 중산층 집안 출신이었다. 어렸을 때 부모님이 이혼해서 어머니와 살았는데, 제니퍼가 10대 초반일 때 어머니의 정신 건강에 문제가 생겼다. 어머니는 편집증적인 증세가 점점 심해지고 종교를 광신하게 됐지만 단 한 번도 정신 건강 의학과를 찾아가지 않았다. 이때부터 제니퍼는 아버지와 더 많은 시간을 보내기 시작했다. 성실한 학생이었던 그녀는 예술 학교에 합격했고 그곳에서 사진을 전공했다. 그녀는 지나가는 기차, 달리는 아이, 활공하는 새 등과 같이 움직이는 사물을 지속적으로 노출시키는 사진을 찍곤 했다. 결과물은 죄다 불안정하고 흐릿한 이미지였다. 제니퍼는 21살 무렵부터 자신의 어머니처럼 편집증적인 증세를 보이기 시작했다. 그녀는 다른 사람들이 자신의 아이디어와 소유물을 훔쳐 간다고 믿었다. 뿐만 아니라 집 근처에 살던 유명 영화배우의 목소리가 들린다고 했다. 그 목소리는 독설을 내뱉었고, 그림 그리기를 비롯해 그녀가 하던 일들을 중단하지 않으면 가만두지 않겠다고 했다. 제니퍼는 목소리가 내리는 명령을 따를 수밖에 없었다. 그 영화배우의 목소리는 제니퍼가 무슨 생각을 하는지 다 안다고 말했다. 심지어 알아들을 수 없는 어떤 여성의 목소리까지 가담해서, 2개의 목소리가 제니퍼가 하는 일에 대해 이러쿵저러쿵 대화를 주고받았다. "쟤 좀 봐. 침대에서 일어나고 있네. 자기가 뭔데?" 기이하게도 목소리들은 물리적으로 변모해 제니퍼의 성기를 자극하며 신체를 침범하는 양상까지 보였다. 이와 같은 이상한 경험은 대표적인 정신 질환인 조현병에서 나타나는 특징적인 증상이다.

당시 제니퍼는 정신 건강 의학과 진료를 받았고, 약물 치료 및 전면 지원 등 그녀를 돕기 위한 다양한 시도가 이뤄졌으나 끝내 예술 학교를 졸업하지 못했다. 인생의 주된 목표가 사라지자 그녀는 점점 더 고립돼 정부 보조금으로 얻은 단칸방에서 혼자 살게 됐다. 그녀는 마지못해 지역 정신 건강 관리팀과 교류하고 있었지만 그들을 믿지 못했다. 그래도 항정신병 약은 복용했다. 다만 그 약물은 목소리들을 '줄여주기'는 했으나 완전히 뿌리 뽑지 못했다.

사실 제니퍼는 그 누구도 믿지 못했다. 그녀는 사람들이 자신의 집에 함부로 들어와 물건을 헤집고, 가구의 위치를 바꾸고, 얼마 되지 않는 귀중품을 훔쳐 간다고 생각했다. 그래서 편지, 종이, CD, 스케치를 비롯한 자신의 소유물을 지키기 위해 어디를 가든 이 모든 걸 배낭에 꽉 채워 넣어 메고 다녔다. 목에는 묵직하고 값비싼, 하지만 이제는 낡아버린 카메라를 둘러 메고 있었다. 그녀는 사람들을 만나거나 새로운 장소에 갈 때면 미친 듯이 셔터를 눌러대며 마치 적절한 취재 대상을 찾지 못한 사진 기자처럼 행동했다. 해명인즉슨, 무슨 일이 일어났는지, 누가 그곳에 있었는지, 어디에 물건들이 있었는지 등을 확인할 수 있도록 사진으로 남김으로써 자신의 인생을 기록해두고 싶다는 것이었다. 필요할 경우 증거로 쓰기 위해서. 그런데 무엇을 위한 증거인 걸까? 자기변명? 고발? 목적은 분명하지 않았다.

시간이 흐르면서 상황은 진정됐다. 제니퍼는 생필품을 사러 나가는 모험을 감행하거나, 사진을 찍거나, 파스텔로 자화상을 그리는 등의 활동을 하며 스스로를 돌봤다. 의도적으로 사람을 피했지만 지역 정신 건강 의학 임상팀의 간호사가 여러 차례 방문을 시도한 끝에 미약하나마 그 간호사와 관계를 유지하게 됐다. 이후 몇 년간 지역 정신 건강 의학 임상팀은 제니퍼의 증상에 대해 다양한 약물 치료를 시도했으나 극명한 부작용을 맞닥뜨렸다. 제니퍼는 몸이 뻣뻣해서 움직이기 힘들고 침이 줄줄 흐른다며 불편을 호소했다. 오른손이 떨려서 그림을 그리는 데 방해가 된다고도 했다. 임상팀은 제니퍼가 복용하는 항정신병 약이 뇌의 중요한 도파민 수용체를 차단하면서 파킨슨병 증세를 일으키는 것으로 추정했다.

1950년대 초반에 처음 개발된 항정신병 약은 졸음 없이 진정 효과를 내는 최초의 약물로 환영을 받았다. 이와 관련해 미국 국립 보건원의 스웨덴 출신 약리학자 아르비드 칼손은 신경 전달 물질인 도파민에 주목했다. 칼손은 화학적으로 도파민 고갈을 유도하면 실험용 동물이 운동 능력을 상실한다는 사실을 발견했고, 움직임의 둔화가 특징인 파킨슨병의 원인이 도파민 부족이 아닐까 하는 추측을 하게 됐다.[1]

파킨슨병 환자가 중뇌의 작은 세포군의 퇴화를 보인다는 사실은 널리 알려져 있다. 이 세포군은 어두운 색 때문에 흑질이라 불리는데, 흑질에는 도파민의 전구물질인 뉴로멜라닌이 집중돼 있다. 흑질은 움직임 조절에 중대한 역할을 하며 도파민이 집중돼 있는 기저핵에 영향을 미친다. 기저핵은 뇌의 밑바닥(기저부) 양쪽에 있는 신경 세포의 작은 집합체(신경절)다. 1960년대 초기의 실험 및 임상 연구 덕분에 의사들은 파킨슨병 환자의 손실된 도파민을 대체할 수 있었고 치료는 극적인 발전을 보였다. 그전까지는 치료가 불가능했던 병에 대한 치료법이 확립됐으며, 칼손은 이러한 공로를 인정받아 2000년에 공동으로 노벨 생리 의학상을 수상했다.

같은 기간에 클로르프로마진이라는 약이 조현병 환자에게 '정신 안정제'로 사용되기 시작했다. 이로써 정신 질환 증세를 줄이는 데 매우 효과적인 최초의 치료법이 생기긴 했으나, 의사들은 이것이 파킨슨병을 연상시키는 부작용을 야기한다는 사실을 알게 됐다. 그리하여 의사들은 조현병과 파킨슨병을 각각의 거울상으로 보기 시작했다. 다시 말해, 조현병은 뇌의 핵심 영역에 도파민이 너무 많아서, 파킨슨병은 도파민이 너무 적어서 발생한다고 본 것이다. 이와 같은 이론, 즉 조현병의 도파민 가설의 원조는 지금도 조현병을 둘러싼 수많은 사실들을 설명해주고 있다. 예를 들어, 조현병 같은 효과를 내는 약물의 대부분은 도파민 전달을 증가시키는 작용을 하며, 항정신병 효과를 내는 약물의 대부분은 뇌 속의 도파민을 차단하거나 대폭 감소시키는 정반대의 작용을 하는 것으로 밝혀졌다.

신경 전달 물질은 릴레이 경주에서의 배턴과 같다. 신경은 정보를 전기 자극 형태로 전달한다. 이는 주자가 트랙을 따라 달리기 시작하는 것과 같다. 자기 구간의 끝에 다다른 주자는 배턴을 다음 주자에게 넘겨줘야 한다. 두 주자 사이의 간격은 두 신경 사이의 작은 틈인 시냅스와 비슷하다. 새로운 신경이 배턴을 잘 넘겨받으면 메시지는 계속 전달된다. 이 지점에서는 릴레이 경주에서처럼 흐름이 강화되거나 중단될 수 있다.

파킨슨병의 경우, 도파민 배턴을 이어받을 주자와 목적지까지 도달하는 데 필요한 배턴이 충분하지 않다. 도파민 대체 치료는 전환점에 배턴을 더 갖다놓음으로써 배턴을 집어 들 기회를 증가시키는 것이라 할 수 있다. 다른 도파민 강화 치료는 수용체에서의 도파민 파괴를 막는 것이다. 이는 배턴이 빗나가 떨어지더라도 '살아남도록' 해서 주자들이 이를 집을 수 있게 하는 것과 비슷하다.

조현병의 경우, 각 주자가 배턴을 너무 많이 갖고 있어 전환점에서 혼란이 발생한다. 경주에 공식적으로 참가하지 않은 많은 '메시지'까지 전달돼 실제로 존재하지 않는 것을 인지하게 만드는 것이다. 항정신병제는 배턴을 이어받는 주자에게 점수로 계산되지 않는 가짜 배턴을 주거나, 또 다른 버전의 이론에 따라 도파민으로 하여금 수용체로의 결합을 느슨하게—이를테면, 이어받는 주자의 손에 기름칠을 해서 배턴을 떨어뜨리게—함으로써 수용체를 막는 작용을 하는 것으로 여겨진다.

도파민 과잉이나 결핍만이 문제라면 파킨슨병 치료제는 조현병 같은 증상을 야기할 위험이 있고, 항정신병제는 파킨슨증이라는 파킨슨병의 증상을 생기게 할 거라고 예상하기 쉽다. 하지만 시간이 지나면서 이 이론은 부합되지 않는 증거의 무게를 이기지 못하고 삐걱대기 시작했다. 사실, 모든 조현병 환자가 도파민 과잉이며, 또 모든 환자가 도파민 차단 약물에 반응하지는 않는다는 사실을 증명하기란 상당히 힘든 것으로 밝혀졌다.[2]

게다가 파킨슨병과 조현병을 동시에 갖는 아주 드문 사례의 환자가 등장했다. 이론에 따르면 도파민이 과잉인 동시에 결핍일 수는 없지 않은가. 1976년 저명한 정신 건강 의학 연구자 팀 크로는 정신병이 발병하기 수년 전에 파킨슨병에 걸렸던 4명의 환자들에 관한 조사 내용을 발표했다.[3] 이 중 정신 질환이 발병했을 당시에 도파민 대체나 증대 치료를 받은 사람은 없었다. 간단히 말해, 이론적으로 불가능한 일이 발생한 셈이었다. 이로 말미암아 조현병과 파킨슨병은 깔끔한 단일 스펙트럼상의 양극단에 놓여 있는 게 아니라, 전반적으로 훨씬 복잡한 문제일 가능성이 대두됐다.

제니퍼는 항정신병 약에 적당히 잘 반응했으나 유난히 심한 파킨슨증이 생긴 것 같았다. 그녀는 의식적으로 제어할 수 없을 만큼 계속 양손을 떨었다. 걱정이 된 임상팀은 서서히 조심스럽게 약을 줄이기 시작했다. 제니퍼는 약 복용을 달가워하지 않았고 최근에는 끔찍하게 여기기까지 했기에 약을 줄이는 데 대해 더할 나위 없이 기뻐했다. 임상팀은 부작용을 처리하는 동시에 최소 유효량―제니퍼의 움직임을 둔화시키지 않으면서 환각과 편집증 증상을 제어할 수 있는 양―의 약물로 절충점을 찾을 수 있을 걸로 봤다. 이후 2년 정도는 꽤 힘들었다. 예상대로, 약을 줄이는 것은 곧 제니퍼가 누군가에게 쫓기고 괴롭힘을 당하고 있다는 확신으로 돌아가는 결과를 낳았다. 이로 인해 그녀는 마음의 문을 닫고 지역 정신 건강 의학 임상팀 간호사의 방문을 피했다. 무엇보다 약을 줄였는데도 그녀의 움직임은 아주 조금밖에 나아지지 않았다. 임상팀은 제니퍼와 어떤 식으로든 관계를 유지하는 게 점차 힘들어졌다. 약을 다 끊고 나니 그녀의 정신 상태가 악화됐음은 물론 신체 상태 또한 나빠졌다. 그녀의 움직임은 흡사 나무늘보 같았고, 원래 나이보다 2배는 더 많은 사람마냥 구부정한 자세로 걸었다.

수개월간 이런 불행한 상황에 '갇혀' 있던 제니퍼의 정신 건강 의학과 상담의는 나에게 조언을 구했다. 우리는 그녀의 사례가 매우 이례적이므로 전문가의 신경과적 평가를 받는 게 도움이 될 수 있다는 데 합의했다. 끈질긴 설득에 제니퍼도 동의했다. 신경과 전문의가 제니퍼를 진찰하고 종합 병원에서 몇 가지 검사를 받게 했다. 그는 수차례의 발뺌 끝에, 제니퍼가 조현병뿐만 아니라 파킨슨병에도 시달리고 있을지 모른다는 생각을 조금이나마 품을 수밖에 없었다. 1년 넘게 모든 약물을 끊고 있었으므로 단지 약물에 의한 증상이었다면 그때쯤에는 상태가 호전됐어야 마땅했다.

도파민 수송체 스캔도 검사에 포함됐다. 이는 환자의 혈관에 소량의 방사성 추적자를 주입해서 흩어져 있는 도파민 분자를 정돈하는 특별한 수송체 단백질을 스캔을 통해 볼 수 있도록 하는 검사다. 건강한 뇌에는 기저핵 안에 도파민 수송체가 집중되는 '핫 스폿'이 있다. 오로지 약물에 의한 파킨슨병 증상을 보이는 사람들의 경우에는 이 부분이 정상으로 보여야 하는 반면, 진짜 파킨슨병에 걸린 사람들은 핫 스폿이 더 약하거나 차가운 색을 띤다. 파킨슨병 초기에는 도파민의 양이 급격히 줄어듦에 따라 필요가 없어진 수송체의 양도 줄어든다. 스캔 결과, 제니퍼의 핫 스폿은 현저히 차가운 색을 띠었고, 특히 몸의 오른쪽을 제어하는 좌뇌 부분이 비대칭적으로 더 많은 손실을 보였다. 이는 그녀가 갖고 있던 최악의 증상들과 일치했다. 비대칭성은 파킨슨병의 전형적인 특징으로, 파킨슨병 초기에는 흑질의 퇴화가 한쪽에서 먼저 시작되기 때문이다. 약물로 인한 효과 또는 독작용은 모든 부분에 동일하게 영향을 주므로 이런 결과가 나오기 힘들다.

신경과 전문의는 제니퍼의 증상이 일종의 파킨슨병이며, 이는 약물에 의해 촉발됐을 가능성이 있으나 단순히 약물로 인한 것으로만 볼 수는 없다는 결론을 내렸다. 즉, 그녀가 미래의 어느 시점에 파킨슨병에 걸리기 쉬운 상태가 될 예정이었는데 도파민을 차단하는 항정신병 약에 노출됨으로써 그 시점이 앞당겨졌을 수 있다는 의미다(다만 이는 확실한 증거가 없는 하나의 가설일 뿐이다). 대부분의 파킨슨병은 6, 70대에 발병하지만 아주 드물게 젊은이들도 걸릴 수 있다. 이런 조기 발병의 사례에서는 가족력과 소인성 유전자가 발견되는 경우가 많다. 그런데 제니퍼는 이 중 어떤 상황에도 해당되지 않았다.

제니퍼가 갈수록 의기소침해지고, 우울해지고, 그러다 자살 충동까지 느끼게 된 건 그리 놀라운 일이 아니었다. 목소리들은 끊임없이 들려왔다. 그것들은 장광설을 늘어놓으며 이래라저래라 했고, 심지어 스스로 목숨을 끊으라고 종용하는 말까지 동반됐다. 우리는 신경과 의사와 협진하며 도파민 체계를 통해 작용하지 않으면서도 파킨슨병 증상의 일부를 개선시켜주는 약을 제니퍼에게 처방했다. 항콜린제로 알려진 이 약물은 주로 파킨슨병 초기에 효과적이다. 약은 침 흘림과 손 떨림을 완화시키는 데 도움이 됐지만, 문제는 정신병적 증상이었다. 환각 때문에 너무나 괴로워하던 제니퍼는 새로운 항정신병 약을 복용해보라는 제안을 받아들였다. 이때 우리는 '치료가 잘 되지 않는 조현병'에 주로 쓰이며 파킨슨증을 일으키거나 파킨슨병을 악화시키지 않는 일부 약물 중 하나인 클로자핀을 사용했다.[4] 클로자핀, 항콜린제, 그리고 제니퍼에게 가끔씩이라도 주간 보호 시설을 이용할 것을 권유한 지역 정신 건강 의학팀의 정기적인 지원 덕분에 제니퍼는 비교

30

적 안정적인 시기를 보낼 수 있었다.

몇 년 후 대부분의 파킨슨병 환자들처럼 제니퍼의 신체 증상은 악화됐고, 특히 움직임의 둔화가 심해졌다. 신경과 전문의는 파킨슨병의 표준 치료제이자 뇌에서 도파민으로 전환되는 화학 물질인 레보도파(L-도파)를 극소량 투약했다. 의사는 이로 인해 환각 및 기타 증상이 악화될 것을 염려했는데, 결국 그의 생각이 맞았다.

제니퍼가 자신을 실험용 쥐라고 여긴 것도 어느 정도 일리는 있었다. 우리는 클로자핀을 좀 더 늘렸다, L-도파를 줄였다, 또 다른 약을 약간 바꿨다 하며 나름대로 최선을 다했지만 증세가 호전되고 있는 건지 확신하지 못했다. 제니퍼는 우리를 피하기 시작했다. 간혹 배낭과 카메라를 몸에 지닌 채 부스스하고 수척한 모습으로 주간 보호 시설에 나타나긴 했지만, 우리가 그녀의 요구에 부합하는 어떤 계획을 세울 만한 기회를 주지 않고 사라져버리곤 했다. 지역 정신 건강 의학팀 간호사의 가정 방문에도 응하지 않을 때가 많았고, 설령 응한다 하더라도 간호사의 격려가 무색하게 겨우 침대에서 일어나는 정도에 그쳤다. 그녀의 움직임은 걸쭉한 시럽 속을 헤엄치는 것처럼 극도로 느렸다. 질문에 대답은 했지만 목소리가 작아지면서 나중에는 속삭이는 소리밖에 들리지 않았다. 2주 넘게 이런 생활을 유지해온 제니퍼는 음식도 거의 먹지 않았다. 빵 한 쪽을 집어서 입에 무는 데만 한참이 걸렸고, 그나마 겨우 입에 물린 음식은 씹히지 않은 채 그녀의 입술을 꽉 막고 있었다.

수차례 이어진 간호사의 방문에도 대답이 없는 나날이 이어졌다. 집 밖에 우편물이 쌓여갔다. 우리는 제니퍼가 파킨슨병 약을 전혀 먹지 않아 그녀의 마음속을 맴도는 강박 관념은 둘째 치고 제 몸도 건사하지 못하게 됐을까 봐 우려됐다. 그녀는 어디에 있는 걸까? 한데서 자고 다니는 건 아닐까? 그녀의 친척들에게 연락을 시도해봤지만 소용없었다. 정신 건강 의학팀은 심히 걱정스러웠다. 혹시 제니퍼가 집 안에 있는데 대답할 수 없는 상황이라면? 그들은 그녀의 생명이 위태로울 정도로 건강이 악화됐을 가능성이 높으니 정신 보건법에 따라 집 문을 부수고 들어가는 최후의 수단을 쓸 때가 됐다는 결단을 내렸다.

팀원들이 제니퍼를 발견했을 당시, 그녀는 지저분한 옷을 입은 채 바닥에 웅크리고 있었으며 의식은 있었지만 말을 하지 못했다. 팔다리는 굽어서 뻣뻣하게 굳어 있었다. 맥박은 희미했고 입술은 말라 있었다. 그들은 구급차를 불렀고 제니퍼에게 즉시 입원 조치가 취해졌다. 의료진은 그녀의 몸 상태를 자세히 검사하고 그녀를 씻긴 다음 깨끗한 옷으로 갈아입혔다. 그녀는 링거와 흉부 감염 치료용 항생제를 맞았다. 신경과와 정신 건강 의학과의 협진이 이뤄졌고, 그녀가 보이는 의학적 특수성으로 말미암아 물음표가 붙은 '긴장증?'이라는 잠정적인 진단 결과가 나왔다.

'긴장증'은 주로 움직임 또는 말이 없어지거나 비정상적인 자세가 지속되는 것이 특징인 이상 운동 행동을 아우르는 광범위한 용어다. 예전 의학서에서는 이 증상을 가진 사람의 팔다리 움직임과 감정이 마치 주어진 자세를 계속 유지하는 재단사용 마네킹('납굴증') 같다고 묘사했다. 이들은 보통 겁먹은 표정으로 앞을 응시하며 눈을 깜박이는 빈도가 낮다. 일부에서는 이런 행동이 잠깐씩만 나타나도 긴장증이라는 용어를 쓴다. 하지만 나는 이런 행동이 당사자의 외모와 움직임을 지배하고, 이런 현상이 몇 분, 몇 시간, 나아가 며칠간 지속될 때만 긴장증이라는 용어를 제한적으로 사용한다. 긴장증은 평소에 말이 없는 환자가 남의 말을 따라 하는 것('반향 언어'), 또는 평소에 움직임이 없다가 검사관의 행동을 흉내 내는 것('반향 동작')처럼 운동 등가물 등의 형태로도 나타난다. 또한 긴장증은 단독으로 발생하는 증상이 아니라, 조현병이나 심한 정서 장애가 있는 사람들이 무감각 상태처럼 기분이 극도로 가라앉아 있을 때, 또는 조증 상태처럼 기분이 한껏 고조돼 있을 때 발현된다. 뿐만 아니라 극심한 스트레스나 대인 갈등에 대한 반응으로도 나타난다.

긴장증에서 회복한 사람들은 다음과 같이 이야기하곤 한다. 어떤 환자는 몸속에 핵폭탄이 있어서 근육 하나만 움직여도 온 세상이 없어져버릴 것 같은 생각이 들었다고 한다. 또 어떤 환자는 신과의 합일감 및 황홀경을 느꼈다고 한다. 긴장증에 대한 기억이 거의 혹은 아예 없는 환자들도 있다. 실제로 긴장증은 '정신병적인' 것이 아니라 비정상적인 뇌 상태의 결과물인 경우가 많다. 이는 혼수상태나 (일반 뇌파 검사로 비정상적인 뇌파 패턴이 확인되는) 부분적 혼수상태 등과 다르며, 뇌 화학 작용의 미묘한 변화나 드문 형태의 뇌염으로 인한 것일 수 있다.[5] 긴장증을 유발하는 한 신경 화학적 원인으로 '신경 이완제 악성 증후군'이 있다. 이는 신경 이완제(항정신병 약의 이전 명칭)에 대한 예측 불가능하고 특이한 반응 때문에 발생한다. 예전의 항정신병 약이 환자 100명 중 3명꼴로 영향을 줬다면 보다 순한 현대의 약은 1만 명 중 1명에게 영향을 주는 정도다. 이는 도파민 활성도를 거의 완전히 막아버리는 약물의 도파민 차단 작용에 대한 극도의 민감성 때문인 것으로 여겨진다. 또한 파킨슨병에 걸린 환자가 약물 복용을 갑자기 중단하는 경우에도 이런 현상이 발생할 수 있다.

앞서 말했듯 나는 내과 병동에서 제니퍼를 처음으로 대면

했다. 그녀는 긴장증에 시달리고 있었다. 그녀는 겁에 질린 것 같았다. 나는 침대 주위에 커튼을 치고 그녀의 옆에 놓인 의자에 앉았다. 그리고 최대한 친절하고 신뢰가 가게끔 나를 소개했다. 나는 앉아서 그녀를 쳐다보며 기다렸다. 그녀는 피골이 상접해 있었으며 피부는 상당히 축축했다. 무표정한 얼굴에는 얇은 기름막이 씌워져 있는 것처럼 보였다. 교과서적으로 표현하자면 '가면 같은' 얼굴이었다.

"좀 어때요?" 내가 물었다.

침묵. 제니퍼는 눈도 깜박이지 않고 위쪽만 응시했다.

"좀 많이 놀라신 것 같은데요." 내가 말했다.

그녀는 천천히 눈을 감았다. 흉골 맨 위의 U자로 움푹 파인 곳에 땀이 살짝 고인 게 눈에 들어왔다. 나는 티슈로 그 부위를 가볍게 누른 다음 그녀의 손목에 살포시 손을 올렸다.

"이제 안전해요. 약을 끊어서 그랬나 봐요. 다시 약을 먹으면 나아질 거예요. 약속해요."

그때 그녀의 입술이 살짝 실룩였다. 무슨 말을 하려는 걸까? 나는 몸을 기울였다.

"다시 말해봐요, 제니퍼."

이번에는 좀 더 강한 웅얼거림이 들렸다.

"미안해요. 그래도 잘 안 들려요. 다시 해봐요." 나는 이렇게 말하며 그녀에게 몸을 더 가까이 기울였다.

제니퍼가 눈을 떴다. 그녀는 온 힘을 다해 자신의 의사를 전달하려는 듯했다.

"한 번만 더요. 거의 다 됐어요." 나는 그녀의 입술 가까이에 귀를 갖다 대며 말했다.

"내… 팔… 놔…줘요."

속삭임에 가까운 소리였다. 나는 움찔했다.

"아, 정말 미안해요. 그럴 의도는 아니었는데…."

나는 제니퍼가 심각한 병을 이기지 못하고 수동적으로 치료를 받을 거라 기대되는 평범한 유형의 사람이 아니라는 점을 떠올렸다. 그녀는 자기만의 원칙을 따르는 사람이었다. 의심이 많고, 쉽게 믿지 않으며, 직접 알아낸 정보에 따라 독립적으로 진실을 밝히기를 선호하는 독특한 사람이었다. 그녀는 불행하게도 주로 나이 든 사람에게서 나타나는 약물에 대한 취약성과 장애로 인해 육체적 고통을 받아왔다. 그리고 유전으로 추정되는 병 때문에 아주 사적인 신체 부위와 존재 및 생각을 침범한 목소리들이 그녀를 끊임없이 따라다니며 괴롭혀서 정신적으로도 매우 고통스러웠다.

남자 정신 건강 의학과 의사가 여자 환자에게 신체 접촉을 해도 괜찮을까? 대부분의 경우 내 대답은 '안 된다'이겠지만 항상 그렇지는 않다. 정신 건강 의학과적 진료를 하다 보면 의사-환자 관계가 지독한 위반 상황으로 바뀌는 경우가 간혹 있다. 진료 환경이 워낙 사적이고, 장기 진료가 대부분이고, 감정이 고조되기 쉽고, 힘의 불균형이 극명하기 때문이다. 극단적 형식주의를 취하는 정신 분석학적 관점에서는 분석가를 대면하는 일이 거의 없고 의사-환자 간에 신체 접촉이 있어서도 안 된다. 하지만 나는 정신 건강 의학과 상담에서 인격이 완전히 배제될 수 있다고 믿지 않는다. 나는 환자와의 첫 만남에서 악수를 할 때도 있으나 오직 환자가 원하는 경우에 한해서다. 편집증이 있는 사람은 공격을 받았다고 생각하거나 걱정을 할 수 있고, 오염에 대한 강박증이나 공포가 있는 사람은 해로운 접촉을 경험했다며 위축됨으로써 본격적인 진료를 시작하기도 전에 고민에 빠지게 될 수 있다. 그러나 사별이나 다른 상실을 떠올리며 눈에 띄게 속상해하고 울먹이는 환자는 어떤가? 진료실을 나가기 전에 환자의 손을 맞잡거나 잠깐 안아주는 정도는 괜찮지 않을까? 다시 말해, 환자와의 신체 접촉이 옳은 일로 느껴지는 경우도 있다는 것이다. 환자에게 반드시 냉정하게 거리를 두라는 법은 어디에도 없다. 단, 냉담하지 않되 사심은 없어야 한다. 나는 경험이 부족한 의사가 울음을 터뜨리는 환자를 대할 때 일부러 더 밝게 행동하고, 과장되게 티슈를 찾고, 공감 능력이 떨어져 보일까 봐 두려워 적극적으로 위로의 손길을 내밀다가, 종국에는 진부한 대화로 빠지는 경우를 자주 본다. 환자는 마음을 가라앉히려 애쓰며 "죄송해요. 이러면 안 되는데…."라고 말하고, 의사는 "죄송하긴요. 전혀요."라고 상투적으로 답하는 상황 말이다.

나 역시 의사이기 전에 사람인지라 면전에서 사람들이 울거나 무너지는 모습을 지켜보는 게 불편하다. 단지 나는 사람들의 이런 행위를 멈추게 하고 싶은 욕구를 억제하는 방법을 배웠을 뿐이다. 나는 환자 쪽으로 몸을 기울여 그 환자를 주의 깊게 바라보며 상투적이지 않고 유용한 말을 해주기 위해 최선을 다한다. 가끔은 이 시점에 손을 뻗는 행동이 괜찮게 느껴질 때도 있다. 하지만 착각은 금물이다. 이것만으로 고통에서 헤어나올 사람이었다면 진작에 안심하고 위안을 받았을 테고, 정신 건강 의학과 의사를 찾아올 일도 없었을 터다. 심각한 우울증에 빠진 사람은 그리 많이 울지도 않는다. 우는 단계는 이미 지난 것이다.

제니퍼와의 에피소드를 통해 나는 이와 같은 사실들을 떠올렸고, 정신 건강 의학과 의사인 내가 정신 병원에서 일반 병원이라는 생경한 영역으로 건너갈 때 일어나는 미묘한 변화에 주목하게 됐다. 일반 병원에서는 신체 접촉이 흔하다. 맥박 확인하기, 심장 박동 소리 듣기, 이마의 땀 닦기 같은 다양한 진료 형태, 그리고 신경과에서 행해지는 팔다리 구부리기와 반사점 두드리기는 모두 신체 접촉 없이는 불가능하다. 그럼에도 간혹 다른 진료과 의사들이 정신 건강 의학과에서의 신체 접촉에 대해서는 무조건 질색하고 보니 우습기 짝이 없다.

예전에는 병원의 상급 전문의를 복장에 따라 구별할 수 있었다. 이들은 으레 남자였으며 말끔한 정장과 나비넥타이에 흰 가운을 제대로 갖춰 입었다. 반면에 '정신 건강 의학과 의사'는 구겨진 코듀로이 소재 옷이나 헐렁한 원피스에 편한 신발 차림이었다. 그러다 병원들이 감염 관리라는 슬로건을 내걸면서 흰 가운이 퇴출되고 소매를 팔꿈치까지 걷어 올린 셔츠, 일회용 앞치마와 비닐장갑이 등장했다. 이 같은 규정을 뒤늦게 따랐던 정신 건강 의학과 의사들은 재킷, 넥타이, 혹은 바지 정장 덕분에 잠시나마 내과 및 외과의 경쟁자들보다 옷을 좀 더 잘 입게 됐다. 그렇지만 이런 옷차림이 모두에게 호감을 주는 건 아니었다. 한번은 병동의 실세였던 수간호사가 눈살을 찌푸리면서 나를 가리키며 "저건 흉기예요."라고 말했다. 나는 바지 지퍼를 잠그지 않은 줄 알고 반사적으로 아래를 내려다봤다. 알고 보니 그건 내 넥타이를 두고 한 말이었다.

제니퍼는 수개월간 병원에 있었다. 음식을 삼키는 데 오래 시간이 걸렸기 때문에 관을 통해 음식을 섭취해야 했다.

그녀는 정신병과 과도한 움직임, 또는 정반대로 파킨슨증으로 인한 마비 사이를 오락가락했기에 약물의 적절한 균형을 찾기가 굉장히 힘들었다. 나는 신경과 의사들을 비롯한 다른 과 의사들이 파킨슨증으로 인한 근육 경직도 측정을 위해 제니퍼의 근육을 검사하는 것을 지켜봤다. 그녀는 대놓고 티를 내지는 않았지만 신체 접촉을 불편해한다는 사실만은 분명해 보였다.

나는 제니퍼에 대해 차근차근 알아가기로 했다. 그녀는 대화하기 쉬운 상대가 아니었다. 나와의 대화를 거부한 적도 여러 차례 있었다. 때로는 끈질기게 그녀에게 말을 걸어보기도 했지만 곧 이는 좋은 접근법이 아님을 깨달았다. 그보다는 차라리 그녀 옆에 가만히 앉아 있는 편이 나았다. 그러면 결국 그녀가 단 몇 마디라도 먼저 말을 꺼냈기 때문이다. 제니퍼는 이런 나를 두고 비꼬는 농담을 던졌다. ("또 선생님이네요! 환자가 그렇게 없어요?") 그녀는 가끔 그녀의 의식이 완전히 깨어 있다는 것을 잊곤 하는 '개인 돌봄' 간호사들에게서 엿들은 가십거리를 내게 들려줬다. 또 다른 때에는 깜빡이지 않는 눈으로 눈물을 흘리며 절망에 빠졌다.

"목소리들이 또 들려요?" 내가 물었다. "네." 그녀의 대답은 이게 전부였다. 한번은 긴 침묵 끝에 그녀가 말했다. "그들은 왜 나를 괴롭히죠?" 적어도 내 귀에는 이렇게 들렸지만, 어쩌면 "당신은 왜 나를 괴롭히죠?"라고 한 것이었을지도 모른다.

제니퍼는 장기간의 신체 회복 과정을 거치고 나서 정신 건강 의학과 병동으로 옮겨졌다. 신경과, 소화기 내과, 일반 내과의 협진, 그리고 간호사, 의사, 물리 치료사와 기타 많은 이들의 지속적인 투입 및 돌봄이 함께한 최고의 국민 보건 서비스 덕분에, 죽음의 문턱까지 갔던 제니퍼는 보다 포괄적인 재활 치료가 가능할 정도로 회복될 수 있었다. 기력을 되찾았을 뿐만 아니라 아주 살짝 발을 끌 뿐 정상인에 가까운 수준으로 걸어 다닐 만큼 움직임도 자유로워졌다. 약물을 미세하게 조절하자 그녀는 쉽게 먹고 말할 수 있게 됐다. 그녀는 파킨슨병에서 흔히 나타나는 '온-오프' 현상을 겪었다. 이는 최근 복용한 약의 효과가 사라지면서 증상이 다시 점진적으로 심해지는 게 아니라, 자유롭고 유연하다고 느꼈던 팔다리의 움직임이 완전히 멈춰버리는 급격한 변화를 의미한다. 약물을 소량씩 자주, 이를테면 3시간마다 나눠서 복용하면 이런 현상을 완화시킬 수 있다. 물론 환자와 돌보미에게는 이 방법을 지키는 게 부담이 되겠지만. 특히 제니퍼는 퇴원하고 나서도 이 방법을 유지하는 게 어려울 수 있었으나 그녀는 거의 회복된 상태였다. 그녀는 병상에서 다른 사람이 씻겨주고 먹여줄 때까지 가만히 누워 있거나 회진을 기다리는, 연약하고 비쩍 마른 아이 같은 상태에서 벗어났다. 뿐만 아니라 그녀는 일반적인 젊은 여성의 신체 컨디션을 유지하고, 희망과 포부를 표현하고, 다른 사람과 함께 있을지 혹은 혼자 있을지를 원하는 대로 결정할 수 있게 됐다.

정신병적 증상은 클로자핀 덕분에 호전됐지만 제니퍼가 아는 영화배우의 것이라고 생각했던 목소리를 포함한 다양한 목소리들은 여전히 들렸다. 다만 그녀는 이따금씩 느껴지는 그 악질적인 존재를 무시할 수 있을 만큼 강해졌다. 또한 제니퍼는 움직임이 훨씬 더 부드러워지긴 했으나 완벽히 제어한다는 느낌은 들지 않는다며 어떤 현상에 대해 설명했다. 마치 자신이 외부 스튜디오에 있는 사람들에 의해 조작되는 카메라가 된 듯한 기분이 든다고 했다. 한곳을 클로즈업했다가 왼쪽을 찍었다가 오른쪽으로 기울였다가 하는 것처럼 말이다. 그녀는 이를 '그'의 짓이라고 생각하면서도 확신은 하지 못했다. 이는 정신 건강 의학과에서 '수동성'이라 부르는 조현병의 전형적인 증상으로, 자기 몸과 마음이 자신과 관계가 없으며 저항할 수 없는 외부 영향의 수동적 피해자가 됐다고 느끼는 것이다.[6]

나는 제니퍼에게 중요했던 예술적 표현을 떠올렸다. 적절한 자금 지원을 받는 재활 부서는 작업 치료사를 고용하는데 가끔 미술 치료사도 고용한다. 다행히 내가 일했던 곳에는 아주 진취적이고 환자의 마음을 이끌며 환자들과 협업하는 방법을 찾는, 고도로 숙련된 치료사가 있었다. 자신의 역량을 마음껏 표현하지 못해 좌절을 반복했던 제니퍼는, 구색이 잘 갖취진 미술실이며 다양한 시설을 열심히 이용했다. 이곳의 치료사는 환자뿐만 아니라 지역 단체, 자원봉사자와도 협업해 전시회를 준비했다. 제니퍼는 그야말로 물 만난 물고기였다. 다른 환자들의 초상화 및 여러 점의 자화상 등 새 작품을 비롯해 예전에 작업한 그림과 사진 일부도 전시하기로 했다. 나는 그녀가 자랑스러웠다.

마침내 어느 화창한 여름날 작업 치료 부서에서 전시회가 열렸다. 환자, 가족, 친구, 직원, 그리고 일반인까지 많은 사람들이 찾아왔다. 대부분의 작품들은 구매도 가능했다. 그중 한 사진이 나를 사로잡았다. 대상을 지속적으로 노출시켜 찍은 것으로 어딘지 모를 축제 장소의 야경 사진이었다. 제니퍼는 범퍼카 혹은 롤러코스터의 조명에서 만들어진 선들이 가득한, 선명하되 흔들린 이미지를 창조해냈다. 카메라의 흔들림과 파킨슨병이라니. 이렇게 잘 어울리는 조합이 또 있을까. 나는 그 사진의 가격을 물어봤다. 80파운드란다. 좀 비싼 거 아닌가 싶었다. 수개월에 걸친 정성스러운 보살핌, 침대 옆에서 보낸 시간, 회복하면서 나눴던 만족감 등 우리가 함께 거쳐온 일련의 과정을 생각하면 깎아줄 만도 한데. 제니퍼는 감정이 드러나지 않는 알쏭달쏭한 눈으로 나를 빤히 쳐다봤다.

나는 군말 없이 그녀에게 돈을 건넸다.

chapter 2 .

스트로베리 필즈여, 영원하라
strawberry fields forever

이인증 : 자신이 비현실적으로 느껴짐

비현실감 장애 : 세상이 비현실적으로 느껴짐

패트릭은 헬스광이자 열정적인 스포츠맨이었다. 성공한 기자라는 커리어에 최근 결혼에도 골인한 그의 삶은, 자전거에서 튕겨나가 시속 80킬로미터로 달려오던 밴에 치인 순간 산산조각 나고 말았다. 정황상 패트릭은 우회전을 하려 했던 모양이다. 밴의 운전자는 패트릭의 신호를 보지 못했거나 그를 추월하려는 시도를 했을 터다. 그로 인해 패트릭은 뒤로 공중제비를 돌아서 보닛 위로 날아가 자동차 앞 유리에 '명중'했다. 급히 병원으로 실려 간 그는 의식이 없는 상태에서 중환자실로 옮겨졌다. 뇌 스캔 결과 뇌의 여러 부위에 타박상을 입었고 팔에도 골절상을 입었다. 사람들은 연신 그가 당한 부상의 정도를 고려하면 목숨을 건진 것만 해도 다행이라고 말했다.

1주일가량 지나 패트릭은 의식을 회복하기 시작했다. 그는 사고를 전혀 기억하지 못했다. 말을 하고 팔다리를 움직일수 있었지만 몸 왼쪽 부분의 힘이 약했으며 무엇보다 무척이나 혼란스러워했다. 그는 오늘이 며칠인지, 자신이 지금 어디에 있는지, 어떻게 거기에 갔는지 기억하지 못했다. 1달 뒤부터 그는 재활을 시작했다. 겉으로만 보면 그는 매우 빠르게 정상으로 돌아오는 것 같았고, 여러모로 흠잡을 데 없는 완벽한 환자였다. 32세인 그는 훌륭한 신체 컨디션을 유지해왔고, 건강하고 지적인 데다 아주 좋은 사람이라는 칭찬이 자자했고, 위험한 행동을 하거나 술이나 마약을 하지 않았고, 정신병력도 없었다. 그는 재활 훈련에 열심히 임했고 물리 치료사에게도 최선을 다해 협조했다.

　하지만 모든 게 순조롭지만은 않았다. 그는 때때로 그를 실망시키는 기억력 때문에 자신이 지금 어디에 있는지 반복해서 묻곤 했다. 또 '이것을 하고 저것을 한 다음에는 다른 것을 한다'와 같은 복잡한 지시에 따르는 것을 힘들어했다. 해야 할 일을 자주 놓치고, 좌절하고, 그러다가 시무룩해지기도 했다. 몇 달이 지나자 신체적인 측면에서 그는 이전에 했던 거의 모든 일들을 할 수 있게 됐다. 걷고, 조깅하고, 심지어 자전거도 탔다. 그러나 정신적인 측면에서는 뭔가 좀 이상했다. 그는 유달리 당혹스러워했다. 시간, 날짜, 현재 있는 곳, 병동 이름은 물론, 자신이 누구인지, 그리고 치료사의 이름이 무엇인지 등은 잘 말할 수 있었다. 그러나 가끔씩 치료사를 의아하다는 듯 쳐다보며 "이게 진짜로 일어나고 있는 일인가요? 실감이 안 나서요." 같은 말을 하곤 했다. 그럴 때마다 치료사들은 그가 심각한 사고에서 회복 중이라는 상황을 감안해 그를 안심시킬 만한 대답을 해주기 위해 애썼다. 패트릭은 말 그대로 죽을 뻔했다. 이런 경험은 한 사람의 인생을 뿌리째 흔들어놓기 마련이다. 패트릭과 같은 상황에서는 현실에 대해, 나아가 삶의 의미에 대해 의문을 던질 수밖에 없지 않을까.

이윽고 패트릭의 상태는 집으로 돌아갈 수 있을 만큼 호전됐고 재활 치료도 주 2회만 받으면 됐다. 그의 아내 비키는 그에게 큰 힘이 돼줬다. 패트릭과 비키가 사랑스러운 커플이라는 데 아무도 이의를 제기하지 않았다. 비키는 TV 방송국에서 일했다. 그녀는 쾌활한 성격의 소유자로, 긍정적이고 낙관적인 마음을 가지려고 최선을 다했다. 하지만 패트릭이 변해가면서 그녀 역시 긴장 상태를 벗어날 수 없었다. 패트릭은 우울해했고 의욕이 없었으며 버럭 화를 내기도 했다. 식욕이 부진한 데다 잠도 잘 못 잤다. 잘 씻지도 않고 자신의 외모나 그들의 새집에 아무런 관심을 보이지 않는 등 되는 대로 지냈다. 비키는 웬만하면 그가 하는 대로 놔뒀다. 어느 순간부터 그들은 침대를 따로 쓰기 시작했다. 부부는 병원 직원들로부터 이 모든 게 심각한 머리 부상을 겪은 뒤에 충분히 일어날 수 있는 일이라는 말을 들었다. 하지만 분명히 뭔가 있었고, 비키는 그 원인을 밝혀내리라 마음먹었다.

어느 날 비키는 결혼사진 몇 장을 꺼내 재활 센터에 가져갔다. 그녀는 사진은 거짓말을 하지 않는다면서 재활 센터 직원들에게 현재 그들이 매일같이 마주하는 패트릭은 원래의 그와 다르다는 사실을 알려주고자 했다. 사진 속 패트릭은 인상 좋고 열정적이고 매력적이며, 주위 사람들의 표정에서 짐작할 수 있듯 재미있고 유쾌해 보였다. 비키가 사랑에 빠졌던 바로 그 모습처럼 말이다. 직원들은 사진을 보며 정말 예쁜 커플이라고 한목소리로 이야기했다. 그러면서 다 잘될 거라고, 인내심만 가지면 된다고, 치유의 과정이며 다만 시간이 좀 걸릴 거라고 말해줬다.

그런데 이 일은 패트릭의 기운을 북돋우기는커녕 그를 더 큰 절망으로 몰아넣은 듯했다. 그날 저녁 패트릭이 비키에게 따져 물었다. 왜 쓸데없이 그런 사진을 재활 센터에 가져갔어? 뭘 증명하려고? 그리고 폭탄선언이 이어졌다. "당신은 내 아내도 아니잖아. 진짜 빅토리아가 아니라고." 사고 이후로 줄곧 그는 뭔가 잘못됐다는 기분을 느껴왔다. 주변의 모든 게 말로 표현할 수 없을 만큼 다르게 느껴졌던 것이다. 패트릭 스스로도 이전과 다른 사람이 돼 있었다. 단순히 상처의 흉터를 지녀서가 아니라 그 이상의 심오한 뭔가 더 있었다. 그는 자신이 살아 있다는 확신조차 갖지 못했다. 어쩌면 그는 사고가 났을 때 죽어버린 건지도 몰랐다. 그도 그럴 것이 시속 80킬로미터로 달리는 밴에 치여 자전거에서 튕겨나갔는데 생존 확률이 얼마나 되겠는가. 그러니 패트릭 입장에서는 사고 이후의 삶이 저세상이나 연옥(煉獄)처럼 여겨질 수도 있었다. 그가 알던 사람들은 겉모습만 똑같은 사기꾼들로 대체됐다. 당연하게도 이 '껍질'뿐인 여자와 잠자리를 갖는 건 바람을 피우는 행위였다. 패트릭은 어딘가에 진짜 비키가 살아 있으며 사랑하는 그녀를 절대 배신하지 않겠다고 다짐했다.

비키는 망연자실했다. 사람들에게 '진짜 패트릭'을 보여주기 위해 사진을 동원해야 하는 현실이 너무나 아이러니했다. 게다가 인간은 사진에 찍힌 그럴싸한 이미지를 통해 전달되는 것 이상을 지닌 존재가 아닌가. 두 사람은 서로 다른 이유로 '진짜 패트릭'에게 일어난 일에 대해 걱정하고 있었다. 아주 깊은 의미에서 패트릭은 변했다. 그가 상처를 입은 사고 때문만은 아니었다. 그의 정신세계가 근본적으로 달라졌다. 보다 구체적으로 말해, 그의 정신세계가 없어져버렸다. 그는 비현실적인 존재가 됐으며 세상도 그와 함께 비현실이 됐다.

그 후 몇 주간 끔찍한 나날들이 계속됐다. 비키는 패트릭을 설득하기 위해 애썼지만 아무런 성과 없이 매번 말다툼으로 이어졌다. 그 어떤 새로운 사실이라 할지라도 패트릭의 관점에서는 그가 알았던, 또 소중히 여겼던 모든 게 변했음을 확인시켜주는 증거에 불과했다. 그는 몹시 외로워했고, 자신이 겪고 있는 일이 정상 범주의 경험에서 벗어난 것임을 깨달았다. 그는 계속 이렇게 살 수 없다는 생각을 했던 모양이다. 어느 날 밤 그는 집의 빈방에 들어가 문을 잠가버렸다. 비키가 방 문을 부수고 들어갔을 때 패트릭은 의자에 털썩 주저앉아 있었다. 알고 보니 해충제를 컵에 부어 마시려고 했다. 비키는 곧장 999에 전화를 걸었다.

패트릭은 지역 정신 병원에 입원했다. 그는 중증 우울증 진단을 받았고, 우울증과 관련된 징후란 징후는 죄다 보였다.

특히 허탈감을 유발하는 몹시 저조한 기분, 자살 시도, 의욕 상실부터 식욕 부진과 수면 부족까지, 그야말로 우울증 종합 병원이었다. 정신 건강 의학과에서는 '정신병적 우울증'이라는 진단을 내렸다. 이는 패트릭에게 망상과 환각 증상까지 있었다는 의미이자, 동시에 그가 현실과의 연결 고리를 완전히 잃어버렸다는 의미이기도 했다.

환각은 한마디로 '대상이 없는 지각'이라고 정의된다. 다시 말해, 환각은 꿈을 꾸거나, 혹은 잠이 들거나 잠에서 깨는 행위 때문에 발생하는 것이 아니며, 환각을 경험하는 당사자가 통제할 수도 없다. 망상 역시 잘못된 믿음으로 간단히 정의되지만, 이에 대해 본격적으로 생각해보면 (그리고 정신 건강 의학 분야의 전문가와 철학자 들이 수백 년간 생각해왔듯이) 이런 정의가 매우 불만족스럽다는 사실을 알게 된다.[1] 우선 자신의 믿음이 사실로 밝혀지는 상황을 떠올려보자. 배우자가 바람을 피우고 있는 듯한데 뒷받침할 만한 증거가 전혀 없다면 이는 망상이다. 그러나 나중에 배우자가 실제로 바람을 피운 것으로 밝혀진다면 망상이 아니었던 게 된다. 이 경우에는 망상을 근거 없는 믿음이라 부르면 된다. 여기까지는 크게 어려운 게 없을 것이다. 자신이 월드컵에 출전하는 잉글랜드팀의 주장이라고 믿는 건 어떨까? 이 경우는 망상이라고 하기에는 너무 과하고 일종의 백일몽, 환상, 희망 사항 정도로 볼 수 있겠다. 누군가 정말로 그렇게 믿느냐고 묻는다면 그럴 일은 없다고 인정할 것이기 때문이다(논리적으로 불가능한 일은 아니라고 할지라도 말이다).[2] 누군가 우주를 창조한 초자연적인 존재를 믿는다고 한다면 어떨까? 구체적인 증거가 없으니 망상에 빠진 거라고 해야 할까? 이런 믿음을 망상이라 부르는 건 그리 적절한 처사가 아니다. 진화 생물학자인 리처드 도킨스가 말했듯, 이런 경우를 망상이라 부른다면 시끄러운 논쟁거리가 될 뿐만 아니라 다른 수많은 건강한 사람들까지 환자의 범주에 가두게 된다.

따라서 망상을 정의할 때는 특정 믿음이 확고하되 널리 공유되거나 공동의 문화적 가치에 기인한 것이 아니라는 단서가 달려야 한다. 그렇다면 이 중에서 공유되지 않고 본질적으로 증명이나 반박이 불가능한 믿음은 또 어떨까? 누군가 세상이 멸망한다고 주장한다면 어떤 증거로 이를 뒷받침할 수 있을까? 당신은 지구에 대해 알고 있는 사실들을 통해 그 주장이 맞는다고, 마찬가지의 상당한 지식에 기인해 그 주장이 잘못됐다고, 혹은 잘 모르겠다고 결론지을 것이다. 이처럼 어떤 믿음은 가치 판단적이며 주관적이다.

누군가 스스로를 나쁜 사람이라고 한다면 이는 망상일까, 아닐까? 정신 건강 의학에서는 이런 믿음을 부정적인 자기

평가를 특징으로 하는 우울증의 한 증상으로 보며, 심한 경우에는 망상이라고 부르기도 한다. 이런 사람들은 엄밀히 말해 인식론(진술 자체의 진실성)과 아무 관련이 없더라도 그 믿음의 주변에 누적돼 부차적인 효과를 내는 다른 요인에 호소하기 쉽다. 자신이 나쁜 사람이라는 믿음이 압도적이고, 떨쳐지지 않고, 뇌리를 사로잡고, 고통을 주고, 삶을 끝내고 싶게 만든다면 이는 틀림없이 '비정상적'이거나 '병적'인 것이다.

그렇다면 망상에 대해서는 어떤 정의를 내릴 수 있을까? 망상은 한 개인의 문화적 환경에 공유되지 않고, 그 개인에게 (그리고 다른 사람들에게) 악영향을 미치는 확고하고 근거 없는 믿음이다. 이것은 논리적으로 가능할 수도 있고, 불가능할 수도 있다. 또한 사실보다는 가치관의 문제일 수도 있고, 그렇지 않을 수도 있다. 아마도 이것이 망상에 대한 적절한 정의가 아닐까 싶다.

한편, 계속 발생한다는 이유로 특별한 지위를 얻은 망상도 있다. 이런 종류의 망상은 기억할 만한 이름이 붙여졌다가 후대에 이르러 정식 명칭이 확정되는 경우가 많다. 프랑스의 저명한 정신 건강 의학과 의사 조셉 카그라스와 그의 어시스턴트는 1923년 한 여성에 대한 상세한 사례 연구를 발표했다. 그 여성은 주변의 특정 인물, 특히 남편이 진짜가 아니라는 정교한 믿음을 갖고 있었다. 카그라스와 어시스턴트는 그리스 신화에서 헤르메스가 미천한 소시아스의 모습으로 변신해 신들의 왕 제우스가 여자를 유혹하도록 도왔던 데 착안해, 이를 '닮은 것에 대한 환상*l'illusion des sosies*'이라 불렀다. 닮은 것에 대한 환상은 이후에 카그라스 증후군 또는 카그라스 망상으로 널리 알려지게 됐다.

여러 보고서가 줄을 이었고 내용은 항상 이전보다 더 극적이었다. 가장 충격적인 사례는 닮은 것이 인간이 아니라는 점을 폭로하기 위해 그 대상을 참수한 것이었다. 이러한 사례들은 다양한 논문거리—망상에 빠진 사람과 사기꾼으로 추정되는 사람 간의 밀접한 관계, 모조품이나 복제품으로 대체된 것처럼 보이는 여러 가지 물건(반려동물에서부터 안경에 이르기까지) 등—를 제공했다. 다는 아니더라도 많은 사례에서 공통적으로 나타난 또 다른 임상적 요인은 환자들이 특정 뇌손상이나 퇴행성 질환을 갖고 있다는 점이었다. 패트릭은 확실히 이 조건에 딱 들어맞았다.

알아듣기 힘든 프랑스어로 된 망상이 하나로는 부족했는지, 자신이 죽었다고 믿는 망상에도 '부정 망상*le délire des negations*'이라는 이름을 붙였다. 우리말로는 '허무 망상'으로 번역하거나 프랑스 의사 쥘스 코타르의 이름을 따서 코타르 증후군이라 부른다. 굳이 따지자면 정신 건강 의학과 의사라기보다는 신경과 의사에 가까웠던 코타르는 1880년대에 관련 분야에 해당하는 최초의 사례들을 발표했다. 이 망상의 핵심적인 특징은 자신이 죽었거나 죽은 거나 다름없는 삶을 살고 있다고 믿는 것이다. 이외에 몸이 텅 비었거나 썩고 있으며, 주변 세계가 메마르고 척박하다고 믿는 경우도 있다. 코타르는 연구 초기부터 이런 상태를 끝내고 싶은 충동에 대해서도 주목했다. 이 망상을 가진 사람은 자신이 단순히 죽는 게 아니라 소멸당해야 한다고, 심지어 불에 타 죽어야 한다고 생각했다. 이와 같은 망상이 야기하는 고통은 말할 것도 없이 끔찍할 것이다. 그리고 패트릭은 이런 망상에 사로잡힌 듯했다.

패트릭은 자신이 죽었으며 삶과 죽음 사이에 있는 상태, 즉 진짜가 모조품으로 대체된 평행 세계 같은 데 있는 존재라고 믿었다. 여기에는 일종의 문화적 반향이 존재한다. 좀비, 언데드, 도플갱어, '스텝포드 와이프', '트루먼 쇼', '시네도키, 뉴욕' 등을 생각해보자. 하지만 이것들은 종교적 신앙처럼 공유된 믿음은 아니다. 패트릭의 문화권에서는 아무도 그와 같은 믿음을 갖고 있지 않았고 그의 아내 역시 마찬가지였다. 자신이 죽었다고 말하는 것은 명백한 역설이며, 스스로 목숨을 끊을 작정을 하고 행동한다는 것은 생각만 해도 온전한 정신에 해가 될 만큼 뻔한 논리적 모순이니까.

패트릭은 지역 정신 건강 의학팀에서 훌륭한 관리를 받았다. 그들은 패트릭의 고민과 두려움을 이해하기 위해 몇 시간씩 공을 들였다. 심리 치료에, 강력한 항우울제 및 항정신병제 등의 약물 치료가 병행됐다. 패트릭의 기분은 점차 나아지기 시작했고 자살 충동도 줄어들었다. 팀원들은 씻기, 입기, 먹기, 나아가 일하기까지 그가 일상을 되찾을 수 있도록 실질적인 도움을 줬다. 패트릭과 비키는 상담을 통해 서로 잘 지낼 수 있는 새로운 방법을 모색하고자 노력했다. 또 도움을 받으면서 뇌손상이 한 개인의 삶과 행복의 전반적인 면에 영향을 미칠 수 있음을 이해하게 됐다. 장기 입원과 이후 1년간 이어진 외래 진료를 받고 나서 상황은 안정됐으나 동시에 고착화되기도 했다. 패트릭은 집에서 글쓰기를 시도해봤지만 집중하는 데 어려움을 느꼈다. 비키는 비키대로 대출을 갚기 위해 일하는 시간을 늘려야 했다. 서로 마주하는 시간이 적어짐으로써 갈등 상황 역시 자연스럽게 줄어들었다. 그러나 그들은 제자리걸음만 하는 대화를 나눌 뿐 현실적이고 본질적인 문제에 대한 논의를 피했다. 비키는 패트릭의 말에 공감을 해주는 게 힘들었고, 이런 대화 패턴은 패트릭을 더욱 외롭게 만들었다.

패트릭은 내가 일하는 정신 건강 의학팀으로 넘겨졌다. 나는 패트릭과 비키를 만난 자리에서 우리 팀이 많은 걸 해줄 수 있다고 장담할 수는 없지만 몇 가지 조사를 하고 이 사안을 새로운 시각으로 보도록 노력할 것이라고 설명했다. 나는 패트릭의 병 때문에 부부 사이에 장벽이 생겼음에도 두 사람이 눈에 띌 정도로 서로에게 애정을 갖고 있다는 데 깊은 감명을 받았다. 패트릭과 수차례 대화를 나눈 뒤 나는 그와 협업을 해볼 만하다고 느꼈다. 그는 기이하고도 확고한 생각을 많이 하지만 한 걸음 물러서서 의문을 던질 줄도 아는 것 같았다. 내가 보기에 그는 성실하고 끈질기며 배움의 의지가 강한 사람이었다. 다만 그중 얼마만큼이 그의 본래 성격이며 얼마만큼이 뇌손상에 의해 변형된 성격인지는 밝히기 어려웠다. 패트릭은 교사 아버지를 둔 아들답게 자신의 체계적이고 '철저히 준비된' 면을 자랑스러워했다. 그는 여러 부분에서 기억력 감퇴를 겪었지만 지식 하나만큼은 여전했다. 스포츠 기자 출신이니 그리 놀랄 일은 아니었지만, 그는 중요한 스포츠 경기의 날짜며 스코어를 기억했다. 심지어 시마노사와 캄파뇰로사의 자전거 기어의 장단점을 자세하게—아주 관대한 사람이나 참고 들어줄 수 있을 정도로 시시콜콜한 것까지—설명할 수 있었다.

한 가지 의문은 패트릭의 뇌손상이 얼마나 심각하냐는 것이었다. 우리 팀은 그때쯤이면 사고의 영구적인 영향을 알아낼 수 있겠다는 생각에서 MRI 스캔을 해봤다(MRI는 백질과 회백질을 비롯한 뇌의 구조를 해상도 1~2밀리미터 정도의 아주 자세한 사진으로 보여준다). 그 결과 그의 뇌 속 백질과 회백질 모두에서 좋지 않은 징후가 발견됐다. 뇌의 백질은 연결 섬유 다발

로서 섬유 하나하나는 전기 자극의 전달 속도를 높여주는 절연 지방층(미엘린)으로 싸여 있다. 회백질은 두껍고 주름진 담요처럼 뇌의 바깥쪽을 감싸고 있다. 회백질은 대부분이 세포의 기관실이라 할 수 있는 세포체로 구성되며, 에너지를 공급하고 노폐물을 없애기 위해 풍부한 양의 혈액을 공급받는다. 명칭은 회백질이나 실제로는 분홍빛에 가깝다. 뇌세포는 서로 연결돼 있어서 현미경으로 들여다보면 문어처럼 보이기도 한다.

패트릭의 이마 뒤쪽 전두엽과 귀 위쪽 측두엽의 백질에는 꽤 광범위한 병변(흉터)이 있었고, MRI 스캔 결과 연결 부위의 일부가 손상됐음을 확인할 수 있었다. 이는 추리 및 인지 능력에 영향을 미칠 수 있다. 그리고 전두엽과 측두엽의 회백질에서 오래된 타박상 흔적도 발견됐고(MRI는 철분을 찾아내므로 혈액의 산물을 '볼 수 있다') 오른쪽이 더 심했다(사고 후 패트릭의 몸 왼쪽이 약해졌던 이유는 바로 이 때문이었을 것이다).

MRI로 관찰된 다른 하나는 고랑, 즉 회백질의 움푹 들어간 부분이 패트릭의 나이에 비해 대체적으로 넓다는 것이었다. 추측하건대 그가 자전거에서 튕겨나갈 때 받은 충격으로 뇌의 신경 세포가 파괴된 듯했다. 나이가 들수록 뇌는 수축된다. 그러면 고랑은 더 넓어지고 뇌회, 즉 뇌 표면의 튀어나온 부분은 더 좁아져서(위축돼서) 전체적으로 주름진 모양이 더욱 극명해진다. 패트릭의 뇌는 그보다 나이가 2배 많은 사람과 같은 모습을 하고 있었다. 또 해마(양쪽 측두엽 아래 깊숙한 곳에 동그랗게 말려 있는 회백질)를 포함한 측두엽 내부가 양쪽 다 작아져 있었다. 이는 기억력의 손상을 의심할 수 있음을 의미했다.

패트릭은 심리 상담가의 검사도 받았다. 그녀는 패트릭의 언어 능력, 인지 능력, 기억력과 추리력에 어떤 문제나 결함이 있는지 알아볼 수 있는 일련의 검사를 실시했다. 심리 상담가는 뇌의 어느 부분이 손상돼 특정 패턴의 결함이 나타나는 것인지 추정하기 위해 다양한 검사를 이용한다. 패트릭의 경우 검사가 몇 시간씩 걸렸고, 때로는 그가 지치지 않는 선에서 최상의 결과를 이끌어내는 데 며칠씩 걸리기도 했다. 이런 검사 결과를 해석하는 데에는 적지 않은 기술과 훈련이 요구되며, 환자가 검사(퍼즐 풀기, 목록 기억하기 등)에 임하는 태도는 검사 결과만큼이나 시사하는 바가 크다.

검사 결과, 패트릭의 전체적인 지능 지수는 그와 비슷한 교육 및 직업 수준을 가진 사람에 걸맞을 만큼 회복돼 있었다. 그가 당한 사고의 심각성을 고려할 때 이는 주목할 만한 성과였다. 그는 도형을 따라 그리고, 사물의 이름을 대고, 비슷한 모양을 구별하는 등의 기본적인 시각 능력에는 흠이 없었다. 그러나 기대에 비해 잘 못하는 영역도 있었다. 기억력이 괜찮다가도 압박을 받으면 실수를 했다. 그에게 사진(정확히 말해, 장면)을 1장씩 보여준 다음 그것과 아주 비슷한 장면을 2장씩(그중 1장은 좀 전에 보여준 것) 보여줬다. 그러고 나서 어떤 걸 알아볼 수 있겠는지 물었다. 막 찍어도 맞힐 확률은 50퍼센트였다. 참고로, 건강한 사람들 대부분은 90퍼센트 이상의 정답률을 보인다. 반면에 그는 찍는 것보다는 잘했지만 건강한 사람의 범위에는 훨씬 못 미쳤다.

패트릭은 유독 위스콘신 카드 분류 검사를 어려워했다. 이 검사는 3가지 요소, 즉 모양(네모, 동그라미, 십자가, 별), 숫자(4가지), 색깔(빨강, 초록, 파랑, 노랑)이 그려진 카드 1벌로 이뤄진다. 먼저 카드 4장이 나란히 놓인 상태에서 시작한다. 빨간 동그라미 1개, 초록 별 2개, 노란 네모 3개, 파란 십자가 4개가 그려진 카드다. 이제 당신은 다음 카드가 이 중 어디에 속하는지 말하면 된다. 노란 십자가 1개가 그려진 카드를 받았다고 치자. 당신은 그 카드를 노란 네모 카드에 놓으면 된다고 추측한다(색깔에 따라). 하지만 틀렸다고 한다. 그러면 당신은 모양에 따라 봐야 하는 것이라고 추측하고 그 카드를 다시 파란 십자가에 놓는다. 이번에는 맞았다. 이제부터는 카드 분류가 쉬워진다. 모양에만 집중하면 되기 때문이다. 그러나 갑자기 규칙이 달라진다. 몇 번의 시도와 오류 끝에 당신은 분류 기준이 숫자로 바뀌었음을 깨닫는다. 지금부터는 모양과 색깔을 무시하고 숫자만 보면 되는 것이다. 검사는 이런 방식으로 계속된다. 사람들은 '분류 규칙'을 추측하는 데 시간이 걸리고 이 규칙을 잊어버리는 바람에 실수를 한다. 그런데 답이 틀렸다는 말을 듣고도 정확한 규칙을 알았다며 여기에만 매달려 있는 경우 문제가 생긴다. 세모로 바꿔야 하는데 계속 빨강만 고집하는 것이다. 이는 보다 흥미로운 종류의 실수라고 할 수 있다. 심리 상담가는 이를 보속증이라 부르며, '태세 전환'에 문제가 있다는 증거로 본다. 전통적으로는 이런 현상을 전두엽 손상에 의한 것으로 간주한다.[3] 태세 전환이나 유연한 사고가 제대로 이뤄지지 않으면, 규칙을 설명해주지 않거나 알아낸 규칙이 금세 바뀌어버리는 현실 세계에서는 상당한 장애물이 될 수밖에 없다. 패트릭은 이 검사로 골머리를 앓았을 뿐만 아니라 불공평하다면서 싫어하기까지 했다.

패트릭이 시험대에 오른 또 다른 사고 영역은 안면 인식이었다. 그는 유명인의 얼굴을 알아봤고 동일한 인물의 얼굴을 다른 각도에서 찍은 사진도 맞힐 수 있었다. 다만 대부분의 사람들은 재빠르게 해낼 일을 그는 실수를 하거나 정답을 결정하기 전에 우물쭈물하느라 시간을 오래 끌었다. 단지 맞고 틀리는 문제 때문이 아니라 그가 대답하는 과정을 관찰함으로써 우리는 그의 뇌의 우반구가 손상됐을 것이라 추측할 수 있었다. 얼굴 표정에 관한 검사도 이뤄졌다. 감정이 깃든 얼굴 표정을 주요 범주—가장 기본적인 감정이라 여겨지는 행복, 슬픔, 분노, 역겨움, 놀람, 두려움—에 따라 묶는 것이다. 패트릭은 이 검사를 대체로 잘해냈지만 두려운 표정만은 예외였다. 그는 두려운 표정이 뭔지 모르는 듯 계속해서 틀렸다. 이는 감정을 처리하는 데 중추적인 역할을 하는 해마 옆의 작은 조직인 편도체가 손상됐음을 의미했다.

심리 상담가는 패트릭에게 화를 잘 내는 것, 좌절감을 느끼는 것, 멍 때리는 것과 같은 일상적인 행동 및 흔히 겪는 어려움과 반응에 관한 설문지도 작성하도록 했다. 패트릭은 자신에게 문제가 있는 항목에 정확히 체크했다. 특히 의미심장했던 부분은 비키가 같은 설문지를 작성함으로써 패트릭에 대한 그녀의 관점을 피력했을 때였다. 사실상 모든 응답에서 차이가 발견됐다. 패트릭은 자신이 '가끔' 전보다 더 화를 낸다고 응답한 반면, 비키는 '매우 자주' 화를 낸다고 응답했다. 다른 질문에서도 그는 잘못이 있음을 몰랐던 데 반해, 비키는 상황이 더 악화됐음을 표명했다. 이 검사는 패트릭이 타인의 감정을 인식하지 못하거나 충동적으로 행동하는 등 자신의 사고방식과 사회적 행동에 문제가 있다는 사실을 파악하지 못하는 점, 그리고 이런 점이 아내 비키와의 관계에 긴장을 초래한다는 사실을 이해하지 못하는 점을 드러내줬다. 이와 같은 통찰력 부족은 주로 전두엽이나 실행 기능의 결함으로 인한 것이다(물론 전두엽이 온전한 부부에게는 애초에 이 검사를 권고하지도 않는다).

※

대부분의 검사를 끝냈을 때쯤 패트릭은 차분하게 정신 건강 의학과 병동에 적응하게 됐다. 그는 자신의 걱정과 고민에 대해 보다 허심탄회하게 털어놓기 시작했다. 그는 여전히 우울해했지만 그렇다고 아예 희망이 없는 것은 아니었다. 나는 비키가 '접근 금지 구역'이라 여겨왔던 주제를 살펴보기 시작했다. 패트릭의 관점에서 세상을 보고 싶었기 때문이다. 유명한 기자 출신이라는 배경을 가진 사람이 어떻게 그토록 논리적으로 말이 되지 않는 믿음을 고수하게 됐을까?

우선 그의 전반적인 기분과 경험에 대한 일반 질문부터 시작했다. 그는 자기 자신이 달라지고, 활력이 덜하고, 사람들과의 관계가 소원해지고, 세상이 변하는 느낌이 점점 커져간다고 묘사했다. 그러면서 이 느낌은 평평하면서도 단조롭고, 영화를 보고 있거나 안개 속에 있는 것 같다고도 했다. 이에 나는 패트릭에게 '이인증(자신이 비현실적으로 느껴짐)'과 '비현실감 장애(세상이 비현실적으로 느껴짐)'가 있음을 눈치챘다. 건강한 사람도 극도로 피곤하거나 스트레스를 받을 때(이를테면, 출산 후) 이와 비슷한 기분을 느낄 수 있다. 이를 망상으로 판단하지 않는 이유는 건강한 사람들은 이런 기분을 설명할 때 '마치 ~처럼'이라는 말을 붙이기 때문이다. '마치 내가 로봇이 된 것처럼 몸이 저절로 움직여, 마치 내가 영화 속에 있는 것 같아, 마치 내가 유리벽에 갇힌 것 같아' 등과 같이 말이다. 이인증과 비현실감 장애(둘은 동시에 나타나는 경향이 있다)는 생명을 위협하는 위험 상황으로 인해 발생하기도 한다. 미국의 정신 건강 의학과 전문의 러셀 노이스와 심리학자 로이 클레티는 등산을 하다가 실족 사고로 죽음의 문턱까지 갔다 온 사람들의 1인칭 이야기를 모아본 결과, 이들이 때때로 무서우리만치 차분한 상태가 됐다는 사실에 주목했다. 이들의 감각은 보통 고조되지만 자신이 주인공인 드라마의 무심한 관찰자가 됐다고 느끼기도 했다. 아마도 이는 솟구치는 불안감에 의해 정신이 압도되는 것을 막기 위해 어떤 밸브를 열어주는 것과 같은, 일종의 적응 반응이자 안전장치였을 것이다.[4] 그러나 이와 같은 경우 그 느낌은 일시적이다.

정신 건강 의학에서 이인증과 비현실감 장애는 불안이나 우울과 관련된 보다 익숙한 다른 증상이 동반돼 나타날 때가 많다. 하지만 이인증과 비현실감 장애만이 주된 증상으로 발현될 수도 있는데, 이런 경우에는 증세를 알아보기 어렵다. 이 장애를 가진 사람들은 외적으로 아무렇지 않아 보이는 데다 비정상이라는 꼬리표가 붙을까 봐 두려워 자신의 상황에 대해 말하기를 꺼리기 때문이다. 물론 이들의 마음속은 매우 고통스럽다. 어떤 사람은 그 고통을 다음과 같이 묘사했다.

내 마음을 진정시키면 내가 전에 알던 삶의 색깔과 풍부함을 거의(!) 맛볼 수 있다. (…) 내 생각에 이건 매일, 하루 종일 남이 '살아가는' 현장의 증인이 되는 것이다. 이론적으로는 알지만 그 느낌은 거의 기억나지 않는다. 요즘 나는 끊임없는 슬픔에 잠겨 있다. 내 자신의 죽음을 곁에서 목격하면서 슬퍼하는 것 같은 기분이다.[5]

어떤 사람들은 위와 같은 무심하고 멍한 마음 상태를 즐기거나, 대마초 같은 약물을 통해 비슷한 상태를 만들어내기도 한다. 환각성 약물은 이러한 효과뿐만 아니라 보다 극적인 인식의 왜곡을 초래한다. 플라워 파워(1960년대 말~1970년대 초 미국에서 일어난 비폭력 저항 운동의 상징물 - 옮긴이)가 절정이던 1967년에 존 레논이 '스트로베리 필즈'에서 '실재하는 건 없어'라는 가사를 썼을 때도 아마 그런 약물의 영향을 받았을 것이다(아니면 그저 어린 시절의 추억에 흠뻑 빠진 걸 수도 있다). 어느 쪽이든 간에 단 몇 시간의 유쾌한 기분 전환이 장기간 지속되고 통제가 불가능해지면—'스트로베리 필즈 포에버(직역하면 '스트로베리 필즈여, 영원하라'라는 뜻으로 동명의 존 레논 노래 제목을 활용한 언어유희다 - 옮긴이)'—막다른 골목에 몰려 극도의 불쾌한 기분으로 전환될 수 있다. 이러한 지속성은 시험 삼아 해본 약물 때문에 발생하기도 하지만 그 이유를 찾을 수 없을 때도 있다. 마찬가지로 이인증과 비현실감 장애는 하나의 안전장치가 되기도 하지만 불행한 소수의 경우에는 밸브가 '폭발'해서, 즉 불안감이 아주 강하게 몰려오거나 뇌에 외상을 입는 것과 같은 물리적 변화가 생겨서 그 상태가 고착된다.

패트릭이 현재, 그리고 머리를 다친 지 얼마 안 됐을 때 말했던 내용 중 많은 부분은 이인증과 비현실감 장애로 '마치 ~처럼'이 빠진 것과 같았다. 나는 그에게 언제부터 세상이 변한 거 같고 뭔가 잘못됐거나 비현실적이라고 느꼈는지 물었다. 그는 사고 후 처음으로 병원에서 집으로 돌아가던 때를 생생히 기억해냈다. 두통이 있었고 생각도 제대로 할 수 없는데다 크게 동요한 상태였으니 당연히 기분이 좋지 않았다. 그는 택시 뒷좌석에 앉아 자신이 살던 동네의 거리와 주요 건물을 알아보려고 했다. 하지만 곧 그만두고 말았다. 저 집은 언제 생겼지? 전에는 없었는데. 무슨 일이 있었던 거야? 그곳은 그가 살던 동네와 비슷하긴 했지만 진짜가 아닌 가짜, 속임수, 모조품이자 허접쓰레기였다.

나는 깜짝 놀랐다. 그런 경험은 우리 같은 일반 사람도 다 하는 거 아닌가? 한동안 가지 않은 곳에 새 아파트가 들어선 것을 보면 그런 생각을 하게 되지 않나? 단, 보통 사람들은 처음에는 놀라더라도 곧 변화를 받아들인다. 현대식 건물은 착공만 하면 빠르게 올릴 수 있으니까. 그런데 본질적으로는 전과 똑같은 게 완전히 달라 보일 때 뇌에서 어떤 일이 벌어지기에 그런 경험을 하는지 알아내는 문제는 결코 단순하지 않다. 사실, AI 과학자는 수십 년간 이 문제와 씨름해왔다. 기억은 우리가 새로운 것을 인식할 때 이전 기억에 맞는지 비교해보고 '응. 나 저기 알아(내 집, 내가 사는 거리야).' 또는 '아니. 처음이야. 한 번도 본 적 없어.'라고 말하게 해주는 고정된 기록 보관소가 아니다. 기억이 고정돼 있다면, 조명이 다르거나 다른 각도에서 보거나 사람이 나이가 들고 헤어스타일이 바뀌고 수염을 기르기만 해도 기억하는 데 계속 실패할 것이다. 게다가 각 기억 기록마다 무한 개의 버전이 필요하므로 터무니없이 비효율적일 터다.

물론 우리는 어떤 사람이 달라진 모습을 처음에는 잘 못 알아보기도 하며, 특히 예기치 못한 상황에서 뜬금없이 보게 된 경우에는 더욱 그렇다. 뿐만 아니라 처음 보는 사람을 아는 사람으로 오해하기도 한다. 이는 효율적인 기억 장치가 사전 경험을 기초로 기대를 축적함으로써 어느 정도 '속임수를 쓰기' 때문이다. 효율적인 기억 장치는 사물에 대한 추상적인 청사진을 저장하되, 시간과 전후 사정에 따라 변할 수 있는 방식까지 고려한다. 결정적으로, 효율적인 기억 장치는 오차도 용납할 줄 안다. '기대했던 것과는 좀 다르지만 이 정도면 충분해.' 그동안 막대한 투자가 이뤄졌음에도 컴퓨터가 얼굴과 목소리를 식별할 수 있게 된 것은 최근의 일이다. 소프트웨어 공학자가 우리의 정신이 작용하는 방식을 따라 하는 법을 배워온 것도 그 때문이다.

패트릭은 장소와 사람에 대한 정보는 거의 맞혔지만 남

다르고 기묘한 기억력을 갖고 있었고 그 사례는 수십 건에 달했다.

"왜 매일같이 당신을 찾아오는 비키가 진짜 아내가 아니라고 생각하세요?" 내가 물었다.

그는 눈을 크게 떴다. "나의 비키, 그러니까 예전의 비키는 외모에 신경을 많이 썼어요. 피부도 좋고 옷이나 화장에 대한 취향도 고급스러웠어요. 디자이너 브랜드를 아주 좋아했죠." 그는 머뭇거리며 얼굴을 붉히면서도 계속 말을 이어갔다. "비싼 속옷도 좋아했어요. 빅토리아 시크릿 같은 데서 나오는 레이스 달린 실크 속옷이요. 그런데 이 사람은… 비키와 비슷해 보이긴 하지만 머리부터 발끝까지 막스 앤 스펜서라고요. 헐렁한 나일론에 다 늘어나고 색도 바랬고."

그는 매우 진지했다. 며칠 뒤 나는 비키와 단둘이 만나는 시간에 이 이야기를 조심스럽게 꺼냈다.

"맙소사! 자기가 병원을 들락거리고 위층 자기 방에서 허공만 쳐다보는 동안 내가 집을 지키고 생활을 유지하려고 내내 일만 한 건 모르나 보죠? 섹시한 속옷을 사고 싶어도 더 이상 살 수가 없는걸요."

우리의 기억 체계는 균형을 잡는다. 만약 오차 범위가 너무 넓으면 한 번도 본 적 없는 것이 익숙하게 보여서 끊임없는 데자뷔를 겪을 것이다. 반대로 오차 범위가 너무 좁으면 모든 게 새로워 보이고 익숙한 게 전혀 없어서 아무것도 기억을 못하고 뭐가 뭔지 모르게 될 것이다. 패트릭의 경우에는 이와 달랐다. 익숙해 보이지만 한계가 있었던 것이다. 쉽게 말해, 비키처럼 보이지만 2프로 부족하다고나 할까.

인식은 정서적 감동을 낳는다. 실제로 우리는 인식의 순간, 특히 어떤 사물이나 사람이(예를 들어, 사랑하는 연인처럼) 눈에 띄거나 정서적인 반향을 불러일으킬 때 신체적으로 반응하며, 이는 실험실에서 피부 전도 반응으로 감지할 수 있다. 땀이 조금만 나기 시작해도 피부의 전기 전도도가 증가하며, 이것이 바로 거짓말 탐지기의 원리다. 콜롬비아 출신 정신 건강 의학과 의사 마우리시오 시에라는 이인증을 가진 사람은 감동적인 사진과 아무 감정이 담기지 않은 사진을 비교할 때 일반적인 피부 전도 반응을 보이지 않음을 밝혀냈다.[6] 그는 이것이 이인증을 가진 사람이 느끼는 비현실감과 정서적 무감각의 원인일 거라고 주장했다(비현실감과 정서적 무감각은 동시에 나타나는 증상이다). 하지만 대부분 또는 항상 그런 감정을 느끼며 이인증에 시달리는 사람들은 세상이 정말 다르다고 생각하지 않는다. 이들은 비록 그런 감정을 느끼더라도 자신과 세상이 진짜임을 안다. 뇌 스캔을 해봐도 그 어떤 변화나 손상, 또는 질병을 찾아볼 수 없다.

영국의 신경 심리학자 하딘 엘리스와 앤디 영은 카그라스 증후군에 걸리면 단순히 사람을 알아보지 못하는 게 아니라 가까운 사람을 만날 때 안심이 되는 인식의 파동을 느끼지 못하는 것이라고 했다. 이는 다음과 같은 카그라스의 설명에 기초한 것이다.

낯선 기분은 그와 모순되는 인식과 연관된다. 이 환자는 두 이미지 사이의 얼마 되지 않는 유사성을 이해하면서도 그것들이 이끌어내는 서로 다른 감정 때문에 식별을 멈춘다. 그녀의 경우, 이를 비슷한 존재, 정확히 말해 정체불명의 독특한 사람, 꼭 닮은 사람 때문이라고 여긴다. 따라서 그녀에게 꼭 닮은 것에 대한 환상이란 감각적 망상이 아니라 감정적 판단의 결과물인 것이다.[7]

하지만 여기에는 문제가 있다. 아무리 이것이 이인증이나 비현실감 장애(이상하네. 내 아내처럼 보이긴 하는데 뭔가 잘못됐어.)로 이어진다고 해도, 왜 그들이 꼭 닮은 것이나 외계인으로 바뀌었다는 명백함과는 거리가 먼 속단을 내리는 걸까? 이는 추리의 부재 때문일 것으로 추정된다. 초기의 오류는 그 순간의 감정과 두려움—편집증적 성향—에 의해 왜곡되며 상식의 부족으로 인해 깊이 자리를 잡게 된다.

패트릭은 측두엽과 전두엽에 영향을 미친 뇌손상으로 사람들의 얼굴을 일치시키기 위해 열심히 노력해야 했으며, 모든 상황에서 사람과 사물을 알아보는 능력이 덜 정확했을 수 있다. 아마도 이 인지 영역은 백질이 손상됨으로써 편도체 같은 감정 생성 영역과 단절돼 그가 아내의 모습을 알아보더라도 낯이 익다는 안도감을 갖지 못했을 것이다. 패트릭의 기억력 역시 해마가 손상돼 완벽하게 작용하지 않았다. 어쩌면 그의 머릿속에서는 장소와 사람의 자연스러운 변화(주택 개발, 사람이 나이가 들고 옷을 바꿔 입는 것 등)를 감안한 기억이 자동 업데이트되지 않고 그가 사고를 당한 시점에 고정돼 있었을 것이다. 그는 새로운 정보를 배우고 받아들일 수는 있었지만 이것이 자연스럽게 되지 않고 전보다 더 많은 노력이 필요했다. 또 전두엽 손상으로 인해 논리적인 설명을 제시하고 합리적으로 검증하는 능력이 부족했다. 그는 하나의 해답에 집착하면 그게 어떤 것이든 간에 생각을 바꾸려 하지 않았고, 태세를 전환할 줄도 몰랐으며, 상황에 대한 통찰력이 부족했기에 이를 문제로 여기지도 않았다.

그래도 자신이 죽었다고 느끼는 코타르 증후군의 허무 망상은 여전히 설명이 되지 않는다. 카그라스 증후군과 코타르 증후군이 동시에 발생하는 데 주목한 앤디 영과 케이트 리프헤드는 훌륭한 설명을 제시하며 그 공을 코타르의 초기 해석

덕분으로 돌리는 너그러움을 보였다.[8] 환자는 다양한 취약점을 갖고 시작한다. 그들은 특정 뇌손상, 질병, 또는 만성 정신 질환에 시달리는 나머지 정보 처리나 유연하고 일관성 있는 사고를 할 때 힘들어한다. 이와 같은 생리적 피드백에서의 중대한 결함은 생소함이라는 비정상적인 감각으로 이어진다. 또 코타르 증후군에 걸린 사람은 모든 것에 대해 스스로를 탓하는 자기비판적 성향으로 인해 극심한 우울감을 느낀다. 따라서 자신이 변했고 활력이 없다는 기분으로 말미암아 자신이 죽었고 세상이 멸망했다는 결론에 이르게 된다. 이러한 생각이 너무도 압도적이라 그들은 논리적인 사고를 힘들어한다. 그러나 만약 그들이 이런 부정적인 자기비판적 감정 상태에 있지 않고 외려 불평하는 성향이라면(이건 다른 사람 탓이야. 나는 피해자라고.) 같은 감정도 다른 결과로 이어지게 된다. 변한 건 세상이며 다른 사람들은 그들이 주장하는 그 사람들이 아니다(카그라스 증후군), 하고 말이다. 이제는 같은 사람이 2가지 상태와 다른 시대 사이를 왔다 갔다 하며 2가지 믿음을 표현할 수도 있음을 이해하기가 그리 어렵지 않을 것이다. 패트릭은 바로 이 경우에 해당된다.

임상팀과 현대 정신 건강 의학계의 학술 연구, 여기에 약간의 창의적인 추측을 가미함으로써, 패트릭과 비키의 불가해한 사례의 이해를 돕는 설명 모형이 탄생했다. 일단 출발은 순조로웠다. 이를 통해 패트릭의 경험을 다루기 쉽게 만드는 방법에 대해 이야기를 나눠서 그 요소를 하나씩 풀어나갈 수 있게 됐다. 한편, 일반적인 방식으로 진행된 패트릭의 우울증 치료는 꾸준히 병행됐고, 우리의 예상대로 '마치 ~처럼'이라는 인식이 다시 서서히 생겨났다. 그러자 사고와 추리의 문제, 특히 좌절감의 원인을 알 수 없는 외부의 힘 때문이라고 설명하는 그의 성향 문제만이 남았다. 그는 더 이상 자기비판을 하지 않았지만 중도를 지키기 힘들어했다.

그냥 벌어진 일이라면 어떨까? 그 누구의 잘못도 아니고, 그 어떤 대단한 구상도 계획도 없는 일 말이다. 바로 이런 접근법에서 인지 행동 치료가 시작됐다. 인지 행동 치료의 핵심은 침착한 합리화를 막음으로써 더 심한 좌절 같은 악순환으로 이어지는 감정적 반응의 사고 과정을 분리하는 것이다. 패트릭은 한 걸음 물러서서 자신의 추측을 점검하는 법, 감정에 이끌린 결론을 주의하는 법, 문제를 논리적으로 살펴보고 정보 수집이 필요한 경우에는 작은 실험을 수행하는 법 등을 조금씩 배워나갔다. 예를 들어, 비키가 그녀답지 않은 속옷을 입게 된 원인을 달리 설명할 수는 없을까? 애초에 그런 걸로 그녀를 정의하는 게 옳은 일이었나? 경제적 요인은 어떤가?

그가 의심, 이상하고 정상이 아닌 일, 진짜가 아닌 것을 경험할 때마다 이를 기록하고 대안이 될 만한 설명—'세상은 실재하지 않거나 가짜다'와 같은 기술도 포함해—을 생각해내도록 했다. 그리고 나서 치료사가 패트릭과 함께 그 내용을 꼼꼼하고 체계적이면서도 감정 없이 살펴본 다음 둘 다 가장 그럴듯하다고 동의하는 설명을 골라냈다. 비키는 치료 협조자 역할을 맡게 됐다. 이 방법은 정말로 효과가 있었다. 패트릭도 좋아했다. 그의 사고방식, 사실과 일관성을 좋아하는 성격과도 잘 맞았다. 그는 굳이 융통성을 발휘할 필요 없이 그저 사전에 동의한 규칙에 따라 한 단계씩 밟아나가기만 하면 됐다.

패트릭과의 만남 중 유독 기억에 남는 시간이 있다. 우리의 대화는 주로 스포츠 기자에게 가장 안전하다고 여겨지는 영역, 즉 축구에서부터 시작됐다. UEFA(유럽 축구 연맹) 챔피언스 리그가 끝난 지 얼마 되지 않았을 때였다.

"음⋯." 그가 말했다. "만일 세상이 진짜고 제대로 돌아가고 있다면 왜 그리스 같은 축구계의 피라미가 유럽 챔피언십에서 우승한 거죠? 이건 있을 수 없는 일입니다. 루이스 피구, 크리스티아누 호날두, 누누 고메스가 있는 포르투갈을 이겼다는데⋯. 그것도 리스본에서요. 네덜란드도 쓰러뜨렸고요! 말도 안 돼요!"

"뭐, 상대 팀을 이겨야 결승전에 나갈 수 있으니까요." 나는 그다지 설득력이 없는 답변을 내놨다.

"네. 체코 같은 팀이요." 그가 비웃었다.

하지만 항상 최고의 팀만 이기는 건 아니다. 지난 5번의 리그 중 3번을 우승한 맨체스터 유나이티드조차 그해 리그에서 우승하지 못했다. 맨체스터 유나이티드는 이후 5번의 리그 중에서도 3번을 우승했다.

이 단계에서 패트릭은 다른 설명을 찾을 방법을 강구했고 나에게 조언을 구했다. 패트릭과 나는 스포츠를 비롯해 무엇이 스포츠를 그토록 흥미진진하게 만드는가에 대해 생각해보게 됐다. 이를테면, 약체의 우승, 추가 시간에 터진 골 같은 것들 말이다. 팀의 '기량'은 전적으로 기대치 설정의 문제다. 그리고 이 기대치에 한참 미치지 못할 때 사람들은 대안이 될 수 있는 설명을 찾는다. 그러나 때로는 설명되지 않거나, 이와 관련한 어떤 이유나 원인이 되는 서사조차 찾을 수 없는 경우도 허다하다. 어쩌면 어떤 일이 일어나는 가장 흔한 이유가 가장 받아들이기 힘든 것일 수 있으며, 우연, 불운, 혹은 행운에 달려 있을지도 모른다.

패트릭은 전적으로 납득하지 못했다. 다행히 나는 의심의 여지 없이 불리한 나의 입장을 뒷받침할 만한 증거를 찾았다. 미국의 이론 물리학자들이 주요 스포츠의 예측 가능성에 대한 논문을 발표했던 것이다.[9] 아마도 우주의 비밀만 밝히는 게 지루했던 모양이다. 이들은 미식축구, 농구, 하키, 메이저리그 야구, 잉글랜드 축구 협회의 리그 성적표를 조사했다. 그리고 1900년 이전부터 오늘날까지의 방대한 자료를 분석한 다음 모든 경기를 관람하고 우승 후보(그 시점에 리그에서 최고인 팀)가 이길 가능성을 계산했다. 연구자들은 매우 복잡한 계산을 통해 해당 스포츠가 불가측성—이들이 승부욕이라 부르기를 선호했던—순으로 순위가 매겨질 수 있음을 보여줬다. 미식축구는 웬만하면 우승 후보가 이기는 가장 덜 '경쟁적인' 스포츠였다. 잉글랜드 축구는 완전히는 아니어도 거의 우연에 가까운 수준이었다. 즉, 유럽 축구 협회 리그 시합에서는 어느 팀이든 이길 수 있었다. 물론 대체적으로는 우승 후보 팀이 1위를 차지할 것이다.

이는 과학적로도 증명됐다. 축구는 최고의 스포츠다. 경쟁적이고 예측 불가능하기에 더욱 흥미진진하다. 우연 때문만은 아니다. 만약 그렇다면 어느 한 팀에 대한 열렬한 추종은 아무 의미가 없을 것이다. 반면에 응원하는 팀이 매번 이긴다면 그 역시 무의미하고 지루할 것이다. 그러므로 이상적인 스포츠가 되려면 변덕스럽지 않을 정도로 예측 가능하되, 항상 손에 땀을 쥐게 하고 결과를 예상하기 힘들어야 한다. 이게 바로 우리가 스포츠를 사랑하는 이유이며, 인생을 사랑하기 위해 배워야 하는 것이다.

패트릭과 비키는 미들랜드에 있는 집으로 돌아갔다. 심각한 정신적 충격을 야기한 뇌손상에서 회복하는 일은 더디게 진행되는 데다 전과 완전히 같아지리라는 보장이 없지만 부부는 전보다 더 잘 대처할 수 있을 것이다. 상황은 점차 나아져갔다. 나는 더 이상 이들과 연락을 하지 않지만 종종 패트릭을 떠올렸고 그가 살면서 맞닥뜨리는 불가피한 좌절과 놀람에 어떻게 내처할지 생각한다. 2016년 5월에는 특히 더 그랬다. 그달에 스포츠 역사상 가장 이례적이고 엄청나고 믿기 힘들고 충격적인 뉴스가 보도됐기 때문이다. 바로 전 시즌에서 강등 위기에 처했던 레스터 시티 FC가 5,000대 1의 확률로 프리미어 리그 챔피언이 된 것이다.

chapter 3 .

신앙을 잃는다는 것
losing my religion

"내가 왜 그랬는지 잘 모르겠어요."

"그냥 혼란스럽기만 하고 어떻게 해야 할지 몰랐어요."

우울증은 놀라울 정도로 흔하다. 요즘은 6명 중 1명이 우울증에 걸렸거나 항우울제를 복용하므로 자신이 그 1명에 포함된다는 사실을 인정하는 것은 부끄러운 일이 아니다. 2017~2018년 영국에서는 약 730만 명의 사람들이 항우울제를 처방받았으며, 그중 절반 이상은 해당 기간 이전의 2년 내에도 비슷한 약을 처방받았다.

토머스는 조용하고 굴곡 없는 삶을 살고 있었다. 그는 독실한 기독교 신자였다. 사랑하는 아내와 두 아이가 있는 기혼자로 직업은 트럭 운전사였다. 도로는 그에게 일종의 평화를 주는 장소였다. 이런 고독과 단조로움은 토머스에게 플러스 요인이었다. 그는 3년 전 상당히 심각한 우울증을 겪었다. 현실적인 이유나 특별한 촉진 요인은 없었다. 정신 건강 의학과 의사가 말하는 '내인성'—말 그대로 '내부에서 발생하는'—우울증이었던 것이다. 다행히 항우울제가 효과가 있었고, 그는 다시 일을 시작했다. 하지만 그는 고용주에게 (그리고 운전면허청에) 꾸준한 약 복용을 권고받았다는 사실을 알리지 않았다. 이는 심각한 태만이었다. 그는 운전을 해도 괜찮았지만(심하게 변덕스럽거나 자살 충동을 느끼거나 약물로 인해 졸리지 않았다) 혹시나 일이 생겨서 정부 기관이나 고용주가 알기라도 하면 큰 문제가 발생할 터였다. 뿐만 아니라 거짓말은 그가 종사하는 업계에서는 죄를 짓는 거나 다름없었다.

2년 뒤 '거짓말'은 그를 점점 더 괴롭히기 시작했다. 그는 주어진 역할을 아주 잘해내고 있음에도 불구하고 거짓말을 했기 때문에 늘 일을 망치는 듯한 기분이 들었다. 또 스스로 가 제대로 하는 거 없이 요령만 피우는 사람처럼 느껴졌다. 이런 감정들이 끊임없이 머릿속을 맴돌고 신의 눈에 자신이 죄인으로 비칠 거라는 생각에 토머스는 크게 고통받았다. 그를 안심시키려는 사람들의 노력은 아무런 소용이 없었고 오히려 상황은 더 악화되는 것 같았다. 자신의 상황에서 탈출구를 찾을 수 없었던 그는 자살을 생각하게 됐다. 왜 안 그렇겠는가. 그의 신념에 따르면 어차피 지옥에 떨어질 운명인데 말이다.

나는 토머스에게 입원을 제안했지만 그는 무의미할뿐더러 효과적일 것 같지 않다며 거절했다. 그러나 내 생각은 달랐기에 나는 반기를 들었다. 그는 적절한 도움을 받으면 잘될 수 있는, 회복이 가능한 환자로 보였기 때문이다.

토머스의 머릿속에서는 무슨 일이 일어나고 있었던 걸까? 확실히 말할 수 있는 점은 그가 '생각이 너무 많고' 언제나 최악의 경우를 가정했다는 것이다. 뿐만 아니라 상황에 대한 그의 해석에 대해서도 의문을 가질 수 있었다. 그의 기억은 늘 선택적이고 한쪽으로 치우쳐져 있었다(인지 심리학적 용어로는 편향이라고 한다).

우울증의 인지 이론은 무엇을 생각하느냐보다 어떻게 생각하느냐에 더 관심을 둔다는 점에서 보다 넓은 개념의 심리학적 해석과 차이가 있다. 대부분의 사람들이 우울증에 대해 갖는 상식적인 견해는 상실의 경험에서 비롯된다. 이와 관련해 지그문트 프로이트는 1917년에 〈애도와 우울증〉이라는 제목의 논문을 발표했는데,[1] 여기서 그는 사별 경험과 우울증 경험을 비교하고 이 둘의 공통점을 지적했다. 우울증이 있는 사람들은 자신이 처한 상실―직업이나 건강의 상실, 또는 지위나 존경 같은 보다 상징적이고 추상적인 상실을 포함한―에 비해 더욱 심하게 고통스러워하는 양상을 띠었다. 사회 심리학자인 조지 브라운과 티릴 해리스[2]는 우울증이 개인에게 일어났던 나쁜 일의 수와 밀접한 관련이 있으며, 특별한 의미가 있는 사별을 경험했다면 더욱더 그렇다고 했다. 그렇지만 우울증과 증상의 심각한 정도를 단순하게 공식화할 수 없기에 결국 사건의 의미를 해석해보는 데 이르게 된다. 왜 특정 사건은 그토록 마음을 상하게 하고 지속적인 영향을 미치는 걸까?

인지적 접근은 바로 여기서 시작된다. 기억을 불러와보자. 우울증에 걸린 사람에게 과거에 대해 물어보자. 그러면 그들은 주로 부정적인 일에 대해 이야기한다. 좋은 이야기를 끌어내기 위해서는 대화 상대방의 (그리고 그들 자신의) 엄청난 노력이 필요하다. 이는 그들이 침울해하기로 작정해서도 아니고 우울증이 초래한 당연한 결과 때문도 아니다. 다만 기분과 인지 기능에 대해 생각할 때 원인과 결과를 구분하는 게 힘든 것이다. 특정한 단어나 대사에 대한 반응을 보는 것과 같은, 통제된 조건하에 기억을 연구하는 심리학적 조사에서는 우울증 환자가 긍정적인 연상보다 부정적인 연상을 훨씬 더 많이, 더 빨리 한다는 사실이 밝혀졌다. 이는 인지 편향이 자기주장을 펼치는 것으로, 다른 기억이 잊혀진 게 아니라 전혀 떠오르지 않는 것이다. 즉, 곧바로 수면 위로 떠오르는 생각과 기억은 부정적인 것뿐이다. 내가 '지난주에 뭘 했나요?'와 같은 전혀 악의가 없는 질문을 했다고 치자. 만약 당신이 우울증에 걸렸다면 당신의 머릿속은 온갖 나쁘고 불쾌하고 지루하고 불만스럽고 화나는 경험으로만 가득 차서 행복하고 기뻤던 일, 심지어 식상하고 평범했던 일은 죄다 밀려나게 된다. 그러니 질문을 받기 이전까지 우울하지 않았다가도 이후에는 우울해질 수밖에 없는 것이다. 이는 우울한 상태가 악순환되는 이유를 단적으로 보여준다. 애초에 기분이 저조하면 부정적인 생각이 일반적인 것으로 간주되며 기분이 저조한 현재의 상태가 이어진다.

마크 윌리엄스 같은 학자들이 발견한 우울증적인 생각의

다른 특징은 과잉 일반화로, 특히 자전 기억과 관련해 자주 나타난다.[3] 과잉 일반화란 우울증에 걸린 사람이 질문을 받았을 때 행동, 대화, 장면의 구체적인 예를 들거나 딱 한 번 일어났던 사건을 기억하기 힘들어하는 것을 말한다. 예를 들어, 학교에 대해 이야기해보라는 질문을 했다고 하자. 그들은 "A 레벨 시험(영국의 대입 준비 시험 - 옮긴이)에서는 낙제했지만 사교적 측면에서는 좋아요. 작년에 좋은 친구들을 많이 사귀었거든요."라는 대답 대신 "난 학교가 싫어요. 지겹거든요. 다들 그렇잖아요."와 같은 대답을 할 것이다. 혹은 '파티'라는 단서 단어(큐 워드)에 대해 "술집에서 21번째 생일 파티를 했어요. 시작은 좋았는데 몇몇이 술이 많이 취해서 싸움이 났지 뭐예요. 완전 엉망이었어요!"라고 말하는 대신 "내가 생일 파티를 열기만 하면 항상 엉망이 돼버려요!"라고 말하는 식이다.

과잉 일반화 반응은 특정 사건과 기억을 하나의 맥락 속에서 볼 수 있게 해주는 재해석이나 다른 기억을 불러올 여지를 남겨두지 않는다. 쉽게 말해, 어떤 링크를 클릭했는데 바로 다른 주소로 자동 연결되는 것이다. 이렇게 되면 이와 비슷한 부정적이고 해결 가능성이 없는 생각만 계속되는 순환에서 빠져나오기 힘들어진다. 즉, 반추를 하게 된다.

나는 토머스에게 휴식이 필요하다고, 병원에 오래 있진 않을 거라고, 병원에 있으면 약물을 보다 빠르게 바꿔볼 수 있고 무엇보다 안전할 거라며 입원을 권유했다. 결국 그는 마지못해 동의했다.

토머스는 늘 뚱해 있었다. 그는 지속적인 관찰을 명목으로 한 침해, 사생활의 부재, 아무리 최고의 정신 건강 의학과 병동이라도 별수 없는 어수선함과 혼란스러움을 극도로 싫어했다. 토머스는 친해지기 어려운 타입이었다. 그는 자신의 배경을 다음과 같이 설명했다. "따분하고 지루하고 특별한 게 전혀 없어요…. 부모님은 자식들한테 각별한 애정을 보이진 않았지만 잘해주신 편이에요. 교회는 아주 중요했어요. 가끔은 무슨 재난이라도 발생했으면, 하고 바란다니까요. 그럼 적어도 이야깃거리는 생기는 거잖아요."

강력한 항우울제를 추가 복용한 지 몇 주 뒤 토머스의 기분은 나아지기 시작했고 이전보다 긍정적인 생각을 갖게 됐다. 문병을 온 그의 아내 잰은 나아진 그의 모습에 기뻐했다. 그는 지루해했고 아이들을 너무나 보고 싶어 했다. 그는 집에 보내달라며 나에게 애원했다. 또다시 협상이 필요한 상황이 됐고 우리는 점진적으로 적용할 예정이었던 외출 기간을 늘리는 데 동의했다. 우리는 토머스 부부와 논의해 진척 상황을 평가하고 그에 따라 외출 일수를 조정하기로 했다. 그를 계속 입원시키려는 건 아니었지만 치료를 한순간에 그만둘 수 없었기 때문이다.

몇 시간이었던 첫 번째 외출은 무사히 지나갔다. 그러고 나서 우리는 토머스가 하루 종일 집에 있는 것에 동의했다. 그는 한껏 기분이 좋고 긍정적인 상태로 복귀했다. 회진 때 토머스가 우리 팀의 직원, 간호사, 심리 상담가 들과 이야기하는 모습을 보면 생각보다 많이 호전된 것 같았다. 그는 약물도 꾸준히 잘 복용했다. 부작용으로 고통받지도 않았으며, 이번에도 예전처럼 치료가 잘되리라는 자신감도 갖고 있었다. 우리는 언제, 어떻게 그를 퇴원시킬지 의논했고 그의 고용주와도 소통했다. 나는 치료가 필수적이나 토머스가 일을 계속하지 못할 이유는 전혀 없다는 사실을 알리는 데 필요한 어떤 보고서든 모두 다 작성했다. 토머스는 마음의 짐을 내려놓은 듯 안도했다. 그에게 여전히 죄책감이 남아 있었을까? 전혀 아니었다. 죄책감은 우울증이 야기한 어이없는 산물일 뿐이었다. 한편, 토머스는 모든 종교적인 헛소리에 단단히 질려버렸다. 잰은 그가 평소와 좀 다르지만 그렇다 하더라도 집으로 돌아오는 게 좋겠다고 했다. 우리는 그가 주말 내내 외출하는 데 동의했다. 이번 외출도 잘되면 그다음 주에 퇴원 날짜를 정하기로 했다.

그리고 그게 내가 본 토머스의 마지막 모습이었다. 화요일에 잰이 병원에 찾아와 무슨 일이 있었는지 이야기해줬다. 집에 온 토머스는 차분해 보였다. 그들은 화기애애하게 저녁을 먹고 잠자리에 들었다. 다음 날 아침 그가 직접 아이들을 학교에 데려다줬다. 그는 아이들을 내려주고 나서 근처 대로에 주차를 하고 차에서 내렸던 모양이다. 목격자에 따르면 그는 몹시 불안해 보였고 불시에 트럭 앞으로 뛰어들었다고 했다. 그는 즉사했다.

나는 숨이 턱 막혔다.

잰은 이상하리만치 차분했다. 그녀는 아이들을 위해서 '정신을 차릴' 수밖에 없다고 설명했다. 그녀는 사고를 떠올리고 싶어 하지 않았다. 그녀를 위로하려던 간호사들은 외려 그녀에게 위로를 받았다. 그녀는 아무도 비난하지 않았으며 우리의 도움을 고마워했다. 사고 조사가 검시관에게 넘어가면서 잰은 자살을 대역죄로 여기는 그녀의 가족에게 판결이 미칠 영향을 걱정했다. 그녀는 아이들을 데리고 한동안 친정에 가 있을 생각이었다.

몇 주 뒤 병원으로 잰의 전화가 걸려왔다. 검시관의 판결은 사고사였다. 담당 검시관은 토머스가 정신 건강 의학과 병동에 입원해 있다가 외출을 나온 자발적 환자였고 우울증에 시달렸지만, 유서를 남기지 않았고 집에서 주말을 보낼 정도라면 회복 단계로 봐도 무방하다고 판단했다. 토머스는 그날 아무에게도 자살에 관해 언급하지 않았다. 검시관은 토머스가 뭔가에 정신이 팔려 자신이 어디로 가는지 인식하지 못한 것으로 추정된다고 했다. 사고 현장은 붐비는 대로

였다. 알다시피 이런 곳은 사람이 차에 치이는 사고가 빈번
하게 발생한다.

젠은 다른 판결도 가능했음을 잘 알고 있었다. 자살과 사
인 불명. 나는 후자가 더 가능성이 높다고 생각했다. 자살에
관해 연구하는 학자들은 대부분의 사인 불명 판결을 사실상
자살로 보지만, 유서가 없었다는 점은 무시할 수 없는 영향력
을 지닌다. 그렇다 하더라도 사고사는 다소 억지스러웠다. 하
지만 우리는 이 문제를 두고 논쟁을 벌일 생각은 추호도 없
었다. 가족 입장에서는 이 판결이 비극 속에서 바랄 수 있는
최선의 결과였을 것이다. 적어도 오명은 피할 수 있었으니까.

자살은 1961년 잉글랜드와 웨일스에서 합법화됐지만 여
전히 범죄 행위로 간주되던 과거의 그늘에서 벗어나지 못하
고 있다.[4] 다른 유럽 국가에 비하면 매우 뒤처진 비범죄화고,
1993년에 와서야 자살 시도를 비범죄화시킨 아일랜드에 비
해서는 앞선 것이다. 일반적으로는 '스스로 목숨을 끊다'라는
표현이 선호되나, 아직도 많은 사람들이 은연중에 자살을 '저
지르다'라는 표현을 쓴다. 검시관은 판결 시 '합리적 의심의
여지가 없는' 증명이라는 형사적 기준을 채택해왔지만, 2018
년의 한 고등 법원 판결에 따라 현재는 '모든 가능성을 고려

해'민사적 기준으로 판단이 가능하다.

영국에서는 해마다 1,800명가량이 도로에서 사망한다. 이 수치는 2차 세계 대전 이후로 꾸준히 줄어들다가 최근에는 변동이 거의 없는 상태다. 근래의 수치에 따르면 이 중 약 4분의 1이 보행자다. 이는 영국에서 매년 약 6,000명이 자살하는 것과 대조를 이룬다. 이 비율 역시 같은 기간 동안 줄어드는 양상을 보였나. 2015년 영국의 연령 표준화 자살률은 남성이 10만 명 중 16명, 여성이 10만 명 중 5명이었다. 보행자 사고나 자동차 사고 가운데 실제로는 자살이었다고 믿을 만한 건은 거의 없었다.

예방은 둘째 치고, 자살을 이해하는 것 또한 우리에게는 큰 도전이다. 한 접근법은 자살로 생을 마감하는 사람의 입장을 이해하려고 노력하는 것이다. 만약 당신이 셰익스피어나 톨스토이 같은 위대한 작가라면 자살을 주제로 글을 쓸 것이고, 심리학자라면 심리적 부검을 해볼 것이다. 또 다른 접근법은 자살을 한 단계 위에서, 즉 대규모 집단과 시대적 경향을 통해서 바라보는 것으로, 이런 접근법을 고안한 사람은 바로 에밀 뒤르켐이다.[5]

뒤르켐은 1858년 프랑스 로렌에서 태어났는데, 그가 다른 길을 걷기로 마음먹지 않았다면 그곳에서 9대째 랍비가 될 뻔했다. 그는 1897년 〈자살론〉이라는 논문을 발표했다. 당시는 산업 혁명이 한창이던 시기로 유럽 국가들은 잘 정돈 및 관리되고 있었다. 상세하고 방대한 국가적 통계치 덕분에 뒤르켐은 자살률을 매우 다양한 변수, 즉 국가, 인종, 경제, 인구학, 교육, 그리고 그가 '우주적 요인'이라 불렀던 것—온도, 낮의 길이 등—에 따라 관찰할 수 있었다. 그는 이 작업을 마치 탈무드를 집필하듯 꼼꼼하게 해냈다. 그는 개인의 정신 이상과 알코올 중독 비율 등도 들여다봤고, 이 경우에도 사회학적 관점이 곧 해결의 열쇠라고 생각했다.

뒤르켐이 주목했던 것은 종교적 요인이다. 프랑스 캉통 및 독일 주민—프로이센부터 오스트리아, 바이에른까지—으로부터 얻어낸 데이터에서 다른 모든 조건이 동일할 때 개신교도이냐 로마 가톨릭교도이냐에 따라 자살률이 현저한 차이를 보였기 때문이다. 개신교도의 자살률이 항상 더 높았고 일부 지역에서는 가톨릭교도 1명당 3명꼴로 나타나기도 했다. 뒤르켐은 개신교도의 높은 자살률은 자살 기준 비율과 관계없이 어느 지역에서나 적용되며, 교육 기회의 차이 같은 요인 때문이 아니라고 밝혔다. 그는 정확한 의식과 교리 역시 별로 관계가 없다고 주장했다. 사실 자살 억제에 정말 중요했던 것은 종교가 신념과 관습을 통해 얼마나 '강도 높은 집단생활'을 하게끔 하느냐 하는 점이었다. 본질적으로 개신교는 보다 개인주의적이며 '자살 완화 작용'의 기능을 하지 못했다. 뒤르켐은 이 문제를 자신이 '자기중심적 자살'이라고 불렀던 것과 연관 지어 다뤘다.

그렇다면 무신론자는 어떨까? 뒤르켐은 다음과 같이 썼다.

신자가 의심을 갖고 (…) 자신이 속한 종교와의 유대감을 덜 느끼고 스스로 거기서 벗어나게 되면, 또는 개인이 가족과 정치 공동체와 소원해지면 자기 자신에게조차 알 수 없는 존재가 되며 '이게 다 무슨 소용이지?'라는 짜증나고 고통스러운 문제로부터 벗어나지 못한다.

뒤르켐은 집단의식이 필수적인 이유를 '우리가 불가능한 불멸의 환상을 지속하려는 게 아니라 이것이 우리의 도덕성에 내재돼 있어 사라지지 않기 때문'이라고 설명한다. 만약 집단의식이 사라지거나 무너지면 '지극히 사소한 우울증의 원인이 극단적인 행동을 초래할 수 있다'. 그는 또 다음과 같이 썼다.

아무리 개인주의적인 사람이라도 집단적인 뭔가를 항상 품고 있기 마련이다. (…) 자살의 직접적인 동기로 보이는 사생활의 사건들에 관해 말하자면 (…) 사실 이들은 부수적인 원인일 뿐이다. 개인이 작은 어려움조차 헤쳐나갈 수 없게 되는 이유는 사회의 상태가 그 사람을 자살의 쉬운 먹잇감으로 만든 데 있다.

뒤르켐의 시대로부터 100년이 넘게 흘렀지만 여전히 우리는 자살 원인을 밝히기 위해 개인과 집단 사이를 오락가락한다. 현대에도 실업, 이혼, 불황 등의 사회적 요인과 높은 자살률은 떼려야 뗄 수 없는 관계다. 신기하게도 전쟁이 자살률을 더 높이진 않는다. 전쟁이 발발하면서 따르는 온갖 고통은 오히려 강력한 공동체 의식을 유발함으로써 개인이 스스로 목숨을 끊는 일에 불리하게 작용한다. 다른 위험 요인으로는 남성이라는 성별, 이전의 자살 시도, 정신 질환, 희망이 없는 상태, 약물 및 알코올 남용 등이 있다. 이러한 접근법의 통합을 시도한 현대의 임상 연구들은 그럼에도 불구하고 종교를 갖는 것이 우울증에 시달리는 사람들의 자살 충동을 약화시킬 수 있다는 점을 보여준다.[6]

자살이 흔할까? 이는 매우 상대적인 문제다. 교통사고와 비교하면 대답은 '그렇다'이다. 토머스와 같은 30대 후반의 남성에게는 가장 흔한 사망 원인이기도 하다. 하지만 우울증과 비교하면 대답은 '아니다'이다. 자살은 우울증에 비해 아주 드물다. 그렇기 때문에 예측하기 힘들다. 자살 사례를 살펴보면 대다수가 저위험군이거나 기껏해야 중위험군에 속한다. 우울증과 자살률의 관계에 관한 결과가 역설적인 것처럼 보이겠지만, 이는 위험 예측의 흔한 함정 중 하나다. 개별 위험 요인이 그다지 강력하지 않아서, 그리고 우울증 같은 개별 위험 요인 중 일부가 유독 흔하게 나타나서, 통계상으로는 사망 원인이 자살인 사람들의 비중이 상대적으로 큰 저위험군에 속할 수밖에 없는 것이다. 고위험군—극심한 우울증, 알코올 의존증, 만성 질환이 있거나 배우자가 사망했거나 실직한 남성—의 많지만 여전히 소수인 일부도 자살을 하지만, 이 하위 집단은 더 넓은 틀에서 보면 적은 수에 불과하다. 또 다른 문제는 가장 확실한 위험 요인이 변하지 않는다는 것이다. 성별이 남성이라는 요인을 예로 들어보자. 당신이 남성일 경우 이전 해에도, 올해에도, 또 앞으로도 쭉 위험성은 달라지지 않는다.

내가 처음으로 자살 행동을 대하는 법을 배운 건 일반 종합 병원에서 수련의로 일하고 있었을 때였다. 나는 6개월간 응급실의 수석 레지던트로 일했다. 그 병원은 응급 의료 상황을 혁신적으로 다뤘다. 특정 응급 상황을 담당하는 여러 '팀'을 둬서 전문 지식과 경험을 쌓고 빠르게 공유할 수 있도록 했는데, '흉통팀', '위 출혈팀', 그리고 65세 이상을 위한 팀이 있었다. 구급차에 실려 오거나 스스로 응급실에 찾아오는 사람 중 다수가 몇 개 안 되는 팀 가운데 하나로 배정된다는 사실이 놀라웠다. 혹자는 남은 수련의들은 '다른' 부류의 응급 환자—간혹 있는 폐렴이나 당뇨병성 혼수—치료 말고는 할 일이 거의 없겠다고 생각할지도 모른다. 물론 아예 틀린 말은 아니나 1980년대에 크게 증가했던 한 범주만은 예외였다. 그건 바로 약물 과다 복용을 통한 고의적인 음독자살 시도였다. 하룻밤에 그런 환자 10명을 진단해서 내과 병동에 입원시키는 게 나로서는 드물지 않은 일이었다.

수련의 과정에 있던 나는 그런 환자가 어떤 치료를 받는지 수없이 목도했다. 파라세타몰을 과다 복용하면 간 독성 때문에 치명적일 수 있으며 더 오래된 항우울제는 심장 마비를 일으킬 수 있지만, 많은 경우 발륨, 리브륨 같은 벤조디아제핀 계열 약물이나 그 밖에 가정에서 흔히 볼 수 있는 항생제, 소화제 등 덜 해로운 약을 복용한 것이었다. 위험성이 비교적 적고 근무 시간 이후나 주말에 찾아오는 환자 수의 비중이 높기 때문에, '약물 과다 복용' 환자는 골칫덩어리로 취급되거나 더 심하게는 스스로 자초한 상황이므로 벌을 받아 마땅한 사람으로 여겨졌다. 일부 응급실 직원은 굉장히 불쾌한 절차이자 대부분 필수적이지 않은 처치인 위세척을 즐겼다. 또 일부 직원은 도뇨관을 삽입해야 한다고 주장했다(이 역시 불쾌하고 힘든 처치로, 환자가 약에 취해 혼곤해하거나 약물이 요도를 막고 있어서 신장 기능을 계속적으로 체크해야 하는 경우가 아니면 거의 필요하지 않다). 많은 직원들이 퉁명스럽고 매정한 모습을 보였고, 이런 문화는 일반적이라고는 할 수 없지만 확실히 널리 퍼져 있긴 했다. 나는 직원들의 이와 같은 행동을 되돌아볼 때마다 몸서리가 쳐지고 아무 개입조차 하지 않았던 나 자신이 부끄럽게 느껴진다. 그때 나로서는 그와 같은 행동이 효과적인 저지책일지도 모른다고 생각했던 듯싶다. 똑같은 행동으로 몇 번이고 재입원을 한 사람들도 있었을 테니까 말이다. 임상 경험이 턱없이 부족했던 당시의 내가 뭘 알았겠는가.

힘겨웠던 그 6개월 동안 나는 동정심을 갖되 개인적인 판단을 하지 않는 것이 최고의 전략임을 배우게 됐다. 내가 유난히 친절하고 이해심이 많았기 때문이 아니다. 응급실은 상대할 환자가 워낙 많으니 실용성의 측면에서 접근해야 적절할 것이다. 일찌감치 감을 잡고 집중적인 의료적 소생술을 해야 하는 환자도 있고, 비협조적이고 과격해서 혼란을 주는 환자도 있었다. 긴급 대기 중인 바쁜 밤에 가장 피하고 싶은 환자 유형은 의사의 충고를 따르지 않고 퇴원을 주장하거나, 병원에서 도망치려고 하거나, 술 취한 가족이 찾아와 화를 내며 중환자실 내지는 정신 병원으로 보내달라고 하거나 퇴원시켜 달라고 요구하는 것이었다.

내가 본 약물 과다 복용 환자는 취해 있거나 화나 있거나 무관심했다. 특히 자신이 덫에 갇혔고 다른 선택의 여지가 없다는 느낌에 고통스러워하는 젊은이도 많았다. 그저 단순하고 부드럽게 "무슨 일이 있었는지 말씀해보세요."라고 물으면 으레 거부, 학대, 절망, 애인한테 차였거나 부모님에게 버림받은 상처 등에 관한 안타까운 이야기로 이어졌다. 가끔은 누가 봐도 힘든 상황의 중심에서 깊은 시름에 잠겨 있는 사람도 있었다. 무뚝뚝하거나("이렇게까지 오버하실 필요 없습니다. 어차피 아침에는 집에 가실 거예요.") 가르치려 드는("파라세타몰이 얼마나 위험한지 모르셨어요?") 자세는 타당할지언정 더 큰 반항과 괴로움만 불러일으킬 뿐이었다.

수련의나 전문 간호사에게 맡겨진 책임 하나는 자살 위험이나 의도를 평가하는 것이다. 자살을 얼마나 철저하게 계획했는가, 자살 시도가 저지되거나 발견되는 걸 피하기 위해 어떤 조치를 취했는가, 자살 방식의 치사율―기차 앞으로 뛰어들기 대 알약 몇 개 먹기―이 어느 정도였는가 등은 누구나 중요하다고 직감할 테지만 그 누적 효과를 단순한 공식으로 수량화할 수는 없다. 그냥 환자에게 왜 그랬는지 묻는 것 또한 한번 시도해볼 만한 가치는 있으나 이렇다 할 대답을 얻어내는 경우가 드물다. 공감하고 서두르지 않는 태도를 보이는 것이 사려 깊은 대답을 얻는 하나의 방법이겠지만 성실한 대답도 곧이곧대로 받아들일 수는 없다. 대부분의 사람들은 배우자에게 죄책감이 들게 하려고, 또는 집주인이 쫓아내지 못하게 하려고 자살을 시도했다는 말을 하지 않는다. 이와 같은 이유가 그런 사건을 일으킨 만한 상황에 딱 맞아떨어지는데도 불구하고 말이다. 많은 이들이 "그냥 죽고 싶었어요."라거나 "지긋지긋해요. 사는 게 무의미하다고요."라고 하지만, 어느 정도 신뢰가 쌓인 뒤에 내가 받은 인상은 사실 대부분이 보다 양면적인 감정을 느낀다는 것이었다. 그들은 이렇게 말했다. "내가 왜 그랬는지 잘 모르겠어요." "그냥 혼란스럽기만 하고 어떻게 해야 할지 몰랐어요." "난 그저 내가 느끼는 감정이 끝나버리기를 바랐을 뿐이에요." 나로서는 이러한 대답이 더욱 진실에 가까운 말로 들렸다.

정신 건강 의학과 의사들은 자해를 자살과 구분하고자 노력해왔다. 자살과 자해의 차이를 강조하기 위해 '자살극'이라는 용어가 제안됐지만 그리 오래가지 못했다. 역학 조사 결과 이 둘은 서로 다른 집단에 영향을 주는 경향이 있다고 밝혀졌다. 일단 자해는 훨씬 더 흔해서 매년 10만 명당 400~500명 꼴로 발생하고, 젊은 층에서 많이 일어나며 연령이 높아질수록 줄어드는 양상을 보인다. 자살은 이러한 감소를 보이지 않는다. 자해는 여성에게서, 자살은 남성에게서 더 흔하다. 그러나 공통되는 부분도 상당히 많다. '정신 질환자의 자살과 살인에 대한 국가 기밀 조사*NCISH, National Confidential Inquiry into Suicide and Homocide by People with Mental Illness*'를 지휘한 루이스 애플비는 유용하고도 유익한 연상 기호라 할 수 있는 '50의 법칙'을 내놨다. 자살로 사망하는 사람 중 50퍼센트는 자해 이력이 있다. 자해 이듬해에 자살 위험은 50배 증가한다. 또 응급실에 온 50명 중 1명은 이듬해에 사망한다. 자해는 계속 굽이쳐 흐르다가 보통은 흐지부지될 일에 불을 붙이며, 그 불은 종종 소멸되지 않고 치명적인 결과를 초래한다. NCISH 는 또한 퇴원한 직후, 특히 첫 주의 첫날이 자살 위험이 높은 시기라고 강조했는데 우리는 그 치명성을 토머스의 경우에서 볼 수 있었다.

나는 토머스의 사망, 그리고 내가 토머스와 그의 가족을 실망시켰다는 감정을 수습하기 위한 노력의 일환으로 문헌 조사를 시작했다. 아마도 이런 과정을 통해 위로를 얻고 이 경험에서 비롯된 뼈아픈 고통에서 벗어나보려고 했던 게 아닌가 싶다. 내가 인구 수준에서 자살을 고찰한 멋진 관점에 대해 알게 된 것도 바로 이 시점이었다. 일부 연구자에게는 이와 같은 큰 그림이나 역학적 관점이 이를 뒷받침하는 높이 쌓인 사망 진단서만큼이나 딱딱하고 인간미 없고 차갑게 느껴질 수 있다. 그러나 결국 인구 수준에서 일어난 변화가 차이를 만들어냈다.

이러한 변화 가운데 일부는 우연적이었다. 1950년대에 일산화탄소가 함유된 석탄 가스가 천연가스로 대체되기 시작했을 무렵 사망률이 증가세를 멈추고 하락했으며, 가스 흡입이 가장 흔한 자살 수단이었던 여성의 경우에는 하락세가 더욱 극명했다(1963년 런던의 주택가에서 가스 오븐에 얼굴을 들이밀어 자살한 시인 실비아 플라스를 떠올려보라). 단순한 연료 변화로 인해 자살률은 현저하게 줄어들었다. 유행병학자들을 놀라게 한 것은 '대입법'이 일어나지 않았다는 사실, 즉 한 방법이 중단됐을 때 사람들이 굳이 다른 대안을 찾지 않았다는 것이다.

시간의 흐름에 따른 경향을 살펴보면 이후에 자동차 배기가스를 마시고 자살하는 경우가 특히 남성 사이에서 서서히 증가하기 시작했으나, 이 역시 1993년 촉매 변환기 도입 법안에 의해 줄어들었다.[7] 보다 계획적이고 의도적인 '수단 제한' 개입으로는 한번에 구매할 수 있는 파라세타몰과 기타 진통제 개수를 줄이는 게 있었다. 1998년에 또다시 이를 위한 법 개정이 있었지만 이후의 사망률 감소가 이 때문이라는 증거는 거의 없었다. 사람들이 찾아온 성공적인 자살 방지 계획은 전략적이되 당황스러울 만큼 단순했다.

어느 스탠드업 코미디언이 다음과 같은 말을 했었다.

정부가 우리한테 정말 신경 많이 쓰는 거 아세요? 한번은 제 친구 하나가 엄청 우울해져서는 자살까지 생각하더라고요. 그래서 그놈이 파라세타몰을 좀 사겠다고 약국에 찾아갔더니

아, 글쎄, 16개들이 팩으로만 팔더랍니다! 진심으로 그게 자살하려는 사람을 막을 수 있다고 생각하는 걸까요? 누구든 내일 다시 가면 된다고 생각하지 않겠어요? 어쩌면 이래서 '자살하다'라는 표현에 'commit'이란 단어를 붙이나 봅니다. 말 그대로 전념해야 하니까요(commit에는 '범하다, 저지르다'라는 뜻과 더불어 '전념하다, 헌신하다'라는 뜻도 있다 – 옮긴이).

그렇지만 상식에는 한계가 있다. 정신 건강 의학과 전문의 키스 호튼과 그의 연구팀은 보고서를 쓰는 와중에 약 포장법 개정 덕분에 약 11년간 잉글랜드와 웨일스에서만 765명의 사람이 덜 사망했다는 사실을 알게 됐다.[8] 파라세타몰 남용은 여전히 흔한 일이지만 이 작은 변화로 치명성이 조금이나마 적어진 것이다. 이에 더해 정신 건강 의학과 병동에서 목을 매는 데 이용될 수 있는 끈을 매달 만한 지점 없애기, 기차역 승강장과 고가 보도 주변에 장벽 설치하기 같은 단순한 변화도 있었다. 동아시아에서는 유기인계 살충제를 구하기 힘들게 만들고, 미국에서는 총기 소유권을 제한하기만 해도 자살률이 현저히 줄어들 것이다. 역사와 사회의 압력, 정신병의 파괴력에도 불구하고, 결국 인간의 마지막 행동은 햄릿의 우유부단함과 카레니나의 고집 같은 순간적인 마음의 동요나 하찮은 장애물에 쉽게 굴복할 만큼 나약한 데에다 찰나의 치명성을 지닐 수 있는 모양이다.

내가 대화를 나눠본 사람 중 일부는 자살에 대해 놀라우
리만치 단호했다. 이들은 아마 오랜 정신병력과 여러 차례의
자살 시도가 있었을 터다. 나는 철저한 계획—즉, 충동적인
행동이 아닌—끝에 결국 파라세타몰 과다 복용을 실행해 간
부전 직전까지 갔다가 겨우 회복했던 한 남자를 기억한다. 그
는 자신이 갖고 있었던 환상에 대해 이야기했다. 자살을 하
고 나면 마치 하늘에서 내려다보듯이 모든 장면을 볼 수 있을
것 같았단다. 가족들이 그의 무덤 주위에 모여 슬퍼하는 장
면, 아내가 그를 좀 더 사랑해주지 않은 것을 자책하는 장면,
10대인 아이들이 슬픔에 겨워 흐느끼며 아빠와 더 많은 시간
을 보내지 못한 걸 후회하는 장면, 한때는 그를 무시했던 직
장 상사가 용서를 구하며 낙담하는 장면, 그 밖에 많은 사람
들이 안타깝게도 생전에는 인정받지 못했던 한 훌륭한 박애
주의자에게 경의를 표하며 아쉬워하는 장면 등을 말이다. 이
는 용감한 고백이었다. 한편, 아버지가 자살로 돌아가셔서 제
정신이 아니었던 어느 여성이 했던 말도 기억한다. 그녀는 자
신은 절대 자녀들에게 그런 짓을 하지 않을 거라는 말로 나
를 안심시키며 아버지와 같은 길을 걷게 되리라는 생각을 필
사적으로 지우고자 애썼다. 나는 이 여성의 경우 자살 위험이
있긴 하나 '보호 요인'이 있다고 기록해뒀다. 하지만 그녀는
결국 스스로 목숨을 끊었다. 이런 서사는 도무지 해결이 되지

않는다. 심지어 일부 정신 건강 의학과 의사 또한 자살을 이기적인 행동으로 보는 관점을 갖고 있다. 어쨌든 자신이 너무 끔찍하고 해로운 존재라서 사라지는 편이 아이들에게 더 나을 거라고 믿는 게 어떤 감정인지 상상하기란 어려운 일이다.

토머스는 마지막 하루를 계획할 때 무슨 생각을 했을까? '생각이 너무 많은' 그 남자는 그저 순간을 사는 것처럼 보였다. 우리는 자살을 하기로 마음먹은 그가 완전한 차분함을 느꼈으리라고 추측해보지 않을 수 없다. 그는 '모든 종교적 헛소리'를 포기해놓고도 위로가 될 만한 다른 것을 바라지 않았으며, 그렇다고 해서 초자연적인 것에 대한 의심을 확실히 다짐하지도 않았다. 나는 당시에 합리주의라는 거품 속에서 그가 정상 궤도를 회복한 것으로 판단했지만 실은 그렇지 않았음이 명백해졌다. 그건 그의 세계, 뒤르켐의 말을 빌리자면 그의 '도덕적 존재'가 완전히 변해버린 것이었다(적어도 나는 이렇게 추측한다). 바로 그 시점에 사회적 생물로서의 그는 이미 소멸해버렸던 게 아닐까.

지나고 나서 보니 그에게 종교의 상실은 일종의 경고 신호였다. 하지만 왜 그는 출구, 그러니까 다른 대안을 찾지 못했을까? 이에 관해서는 아마 다른 우울증 환자와 마찬가지로 그가 처음부터 보였던 과잉 일반화된 기억을 되짚어봐야 할 것이다. 심리학자들은 불특정하고 포괄적인 방법으로 과거를 생각하면 그 과거 자체, 또 그 과거의 개인적인 중요성을 재평가하기 힘들다는 사실을 보여줬다.[9] 그리고 결정적으로 이 방법은 과거로부터 새로운 교훈을 얻을 수 없게 한다. 즉, 창의적인 생각이 제한되는 것이다. 세상이 무너졌는데 또다른 세상이 생겨날 가망이 보이지 않아 미래도, 희망도, 살아갈 이유도 없어진 상황을 생각해보라. 하지만 과거를 돌이켜보고 그동안 얼마나 다양한 사람으로서 살아왔는지 깨닫는 것이야말로 우리가 살고자 하는 미래—어떤 일이 벌어질지, 어디로 가게 될지, 삶이 또 어떻게 달라질지—를 상상하게 하는 열쇠다.[10]

chapter 4 .

우리 둘이서
just the two of us

이상하게도 경조증은 물론이고 조증이 있는 사람은

행복한 경우가 거의 없다

요란하고 빠른 삐 소리가 고요한 초저녁에 가슴을 철렁하게 했다. 응급 상황이었다. 나는 병원 내 긴급 호출을 처리하는 당직 의사였다. '폐쇄 병동에서 폭력 사건 발생'. 마침 해당 병동의 담당은 나였다. 나는 한밤중에 나를 긴급하게 호출한 장본인이 누구인지 곧바로 알아차렸다. 분명 주니어일 터였다.

열쇠 꾸러미를 짤랑거리며 숨이 찰 만큼 서둘러 현장에 가보니 교착 상태가 벌어지는 중이었다. 주니어는 계속해서 나가겠다고 했지만(그는 다른 사람과 거리를 둘 수 있고 기타를 칠 만한 곳을 원했을 뿐이다) 허가를 받지 못했다. 다들 그를 변덕이 심하고 종잡을 수 없는 사람으로 여겼다.

그의 존재는 위협적이었다. 180센티미터가 훌쩍 넘는 키, 빡빡 깎은 머리, 100킬로그램은 될 듯한 근육질 몸까지. 실랑이가 이어졌다. 그는 문 앞에 반원 형태로 줄지어 서서 그를 막아선 직원들에게 기타를 휘둘러댔다. 40대 후반의 남자 수간호사가 부드러운 말로 그를 달래며 상황을 '단계적으로 축소시키려고' 애썼다. 그는 주니어와 사이가 좋았다. 둘 다 자메이카에 가족이 있어서 고향 이야기를 즐겨 나누곤 했다.

"이봐, 주니어, 기타 내려놔. 이러면 안 돼. 당신은 지금 강제 입원 중이고 동행이 있어야만 나갈 수 있다고. 좀 이따 구내 산책을 할 수 있을 거야. 일단 방으로 돌아가는 게 어떨까?"

나머지 직원들이 동의한다는 듯 연신 고개를 끄덕였다.

"외출 문제를 대화로 풀어봅시다." 내가 덧붙였다. "조만간 강제 입원에 대해서 검토하겠지만 우선 당신이 진정해야 가능하다고요."

"톰 아저씨랑 부하들이네." 주니어는 수간호사를 빤히 쳐다보며 비웃었다. "노예의 자손이었다가 노예를 부리게 되는 건 어떤 기분일까?" 그러더니 나를 돌아보며 억지웃음을 지었다. "내 백성을 가게 하라!"

주니어는 분노로 부들부들 떨며 기타를 목까지 들어올렸다. 우리는 움찔하며 물러섰다.

"내려놔." 수간호사가 단호하게 말했다.

"알았어요. 알았어. 내려놓는다고요. 뭘 그렇게 열을 올리고 그럽니까." 그가 비꼬듯 말했다.

그는 기타를 조심스럽게 내려놨다. 멋지게 광을 낸 그의 스페인산 어쿠스틱 기타는 자개가 박혀 있어 더욱 아름다웠다. "응접실로 갑시다. 그리고 최상급 샤토 할로페리돌 한 잔만 부탁해요!"

잔뜩 긴장됐던 상태가 진정됐다. 우리는 마음을 놓았다. 주니어는 애석한 눈빛으로 기타를 바라봤다. 그러더니 갑자기 발을 들어 사운드보드를 쾅 밟았다. 기타에 쭉 금이 갔다. 벽을 마주 보고 돌아선 그는 항복한다는 듯 양팔을 들어올렸다. 간호사 둘이 그의 양팔을 붙잡고 '타임아웃' 구역으로 데려갔다.

충격적인 순간이었다. 나는 1973년 로버트 알트만이 레이먼드 챈들러의 고전을 영화로 만든 '긴 이별'의 한 장면을 떠올렸다. 사설탐정인 필립 말로는 이례적으로 이탈리아계 미국인보다 유대인으로 묘사되는 건달 마티 어거스틴을 만난다. 누군가 그에게 빚을 진다. 그는 기분이 좋지 않다. 애인을 향해 돌아선 그는 그녀의 아름다움을 극찬하며 그녀를 어루만진다. 그러더니 갑자기 콜라 병으로 그녀의 얼굴을 내리치는 끔찍한 잔혹 행위를 저지른다. 그는 말로 쪽을 보며 이렇게 말한다. "이 여자는 내가 사랑하는 사람이야. 넌, 내가 좋아하지도 않고."

주니어는 요즘에는 양극성 기분 장애라 불리는 조울증 진단을 받았다. 당시 그는 20대 후반이었다. 자메이카에서 유명한 음악가의 아들로서 음악적 재능을 물려받은 그는 출중한 실력의 기타리스트 겸 작곡가였다. 그는 성장기를 영국에서 보냈다. 학업 능력도 뛰어나 첫 번째 진단이 있기 전에 일류 대학에서 법학을 전공했다. 또한 그는 무예 전문가이기도 했다(그의 말에 의하면 말이다).

❧

많은 사람들이 정신 건강 의학과에서 정동 장애라 부르

는, 이른바 기분 장애에 시달린다. 우울증으로 고통받는 사람들은 뚜렷하게 우울한 시기를 재차 경험하지만 그 사이사이에 평범한 기분(정상 기분)을 느끼는 시기가 존재한다. 이들은 가끔씩 기분이 고양되는 상태를 경험한다. 이런 상태가 극단적으로 나타나는 것을 조증이라고 하며, 현실로부터 단절돼 망상과 환각을 느끼는 것을 의미한다. 예를 들어, 자신이 어마어마한 부자라거나, 특별한 힘을 가졌다거나, 천재 또는 슈퍼히어로가 됐다거나, 천국의 합창, 천체의 음악, 신의 목소리를 들었다고 믿는 것 등이 있다. 조증이 있는 사람은 무한한 에너지를 발산하며 며칠 동안 잠을 안 자고도 버티곤 하나 결국 극심한 피로로 멈추게 된다. 말도 너무 빨라서 알아듣기 힘들 정도다.

조증보다 흔한 상태로 정도가 약하고 지속 시간이 짧은 '경조증'이 있다. 조증과 헷갈릴 수도 있지만 조증에는 미치지 못하는 정도로 기분이 고양된 상태로서 이해하면 된다. 경조증은 예민한 생물학적 기분 조절 체계에 영향을 미치는 항우울제 치료의 결과로 발현되기도 한다. 경조증이 있는 사람 역시 에너지가 넘친다. 초기에는 전염성이 있지만 오래가지 않아 지치게 된다. 이들의 말도 정신없이 빠르긴 하지만 (겨우) 알아들을 수는 있다. 이들은 이성을 잃지 않는 선에서 긍정적이나, 판단과 우선순위가 왜곡되며 자기 몰두와 타인에 대한 배려의 부족으로 인해 인간관계가 제한된다.

이상하게도 경조증은 물론이고 조증이 있는 사람은 행복한 경우가 거의 없다. 보통 슬픔과 행복은 사람의 기분에서 양극단을 이룬다. 우울증이 슬픔의 익숙한 양상을 전체적으로 더 어둡고 암울하게 만들어버리는 것과 같이, 경조증과 조증도 행복의 일반적인 경계를 벗어나 그 무엇도 지속적이지 않고 변화가 빠른 상태를 조성한다. 조증은 이렇게 말하는 것 같다. '나는 이것을 원해. 지금 당장.' 이는 행복이라기보다 조급증에 가까우며 수많은 대인 관계 및 정신 건강 의학적 난제의 중심에 있는 아직 잘 알려지지 않은 감정 상태다.[1] 경조증이 있는 사람은 처음에는 긍정적이고 관대해 보이지만(이들은 돈, 소유물, 애정을 거저 주곤 한다) 이에 대한 화답이 없으면 곧 불만족을 느낀다. '젠장, 반응이 왜 이렇게 느려. 사람들은 죄다 바보라니까!' 관대함은 빈곤을 불러오며 새로운 계획은 망하고 만다. 이 모든 것은 경조증에 시달리는 사람을 좌절시키고 이와 같은 좌절은 공격성으로, 심지어 폭력으로 이어질 수 있다.

화학적 혼란—항우울제, 혹은 알코올이나 흥분제—을 감지하는 생물학적 기분 조절 체계가 있다고 한다면, 당연히 기분이 합리적인 범위 내에 머물도록 해주는 심리 조절 기제의 존재도 추측해볼 수 있다. 이 조절 기제는 기분이 합리적인 범주를 벗어나면 불안정해지거나 흔들리거나 변화를 일으킨다. 조증에 걸린 사람은 감상적인 절망과 황홀경 사이를 급격하게 왔다 갔다 하므로 옆에서 지켜보는 사람들은 진이 빠질뿐더러 그 감정선 자체를 이해하지 못한다. 노련한 정신 건강 의학과 의사는 이런 현상을 조증 환자로 하여금 우울한 기분을 경험하게 하는 제어 수단으로 이용하려 들 수도 있다. 그러면 환자는 갑자기 조증 상태를 멈추고 생각에 잠기게 된다. 이 상태가 오래 지속되진 않지만, 조증 환자의 엉망인 상황에 대해 잠깐이나마 짧고 의미 있는 대화를 나누기에는 충분하다.

사람들은 종종 눈금을 평소보다 좀 더 높이 올린다는 게 어떤 걸까 궁금해한다. 누구나 한 번쯤은 일이 잘 풀리고 모든 게 물 흐르듯 착착 흘러가는 경험을 해봤을 것이다. 말이 생각대로 나와서 재치 있고 영리하고 박식해 보이며, 더불어 행동거지도 부드럽고 우아해지고 센스도 고양되는 경험 말이다. 사람들은 때때로 창의력과 에너지가 높아지는 시기와, 이를 상쇄하듯 조용한 사색에 잠기는 침체기가 있다고 한다. 이를 정신 건강 의학적 용어로는 '순환 기분 장애'라고 한다. 정신 이상과 창의력에 대한 이 오래된 수사어에 조금이나마 신빙성이 있다면 아마도 통제된 양극성과 관계가 있을 것이다. 어쩌면 절망을 겪지 않고는 진정한 기쁨을 경험하지 못하는 건지도 모른다.

이렇게 오르락내리락하는 순환, 즉 양극성은 어디서 비롯될까? 조증과 우울증 둘 중 하나는 다른 하나의 당연한 결과임을 쉽게 알 수 있다. 그래서 우울증에 너무 오래 시달리다 보면 갑자기 기분이 한껏 고양될 수 있다고 여기는 '조증으로의 도피' 같은 개념이 있다. 이보다 더 흥미롭고 동시에 더 믿을 만한 개념은 조증이나 경조증 시기가 지난 뒤 자신의 상태로 인해 초래된 이런저런 피해를 목격하면 우울증을 피할 수 없다는 것이다. 이것이 적절한 설명인지 아닌지는 아직 알 수 없다. 다만 그 패턴은 확실히 인정됐다.

이름마저 딱인 스위스의 정신 건강 의학과 전문의 줄스 앵스트('앵스트'는 '불안'을 의미한다 - 옮긴이)와 동료들은 다수의 양극성 기분 장애 환자를 수십 년간 추적 관찰했다. 이들이 알아낸 바에 따르면, 입원이 필요할 정도로 증상이 심한 환자의 경우 일생의 5분의 1에 해당하는 시간을 규칙적으로 되풀이되는 기분 변화를 겪으며 보냈다. 각 증상은 평균 3개월간 지속되며 1년에 대략 0.4회 발생한다.[2] 보통은 중간중간에 정상 기분인 시기도 있지만 일시적일 뿐이며 어떤 때는 차분함이 불과 몇 시간밖에 지속되지 않고 곧 또 다른 폭풍이 몰아친다. 많은 전문가들은 이러한 패턴이 유전적 결함에 의해 타고나는 것이라고 생각하나 확실하게 밝혀진 건 없다.

이와 같은 규칙성은 묘할 때가 있다. 우리는 이런 리듬성을 자연의 생물학적 체계에서 찾아볼 수 있다. 많은 포유류가 적당한 시기에 겨울잠을 자며, 영장류를 비롯한 일부 포유류는 '성적 흥분 상태'인 발정 주기가 있다. 물론 생식 주기는 여성 생리의 한 부분이나 이와 관련해 행동 주기를 파악하는 일은 쉽지 않다. 다만 약 28일 주기의 규칙적인 조울 반복 사례에 대한 기록 중에서도, 1959년 정신 건강 의학과 의사 존 크래머가 〈영국 의학 저널〉에 실은 어느 48세 남성의 특별한 사례에 대해서는 주목할 만하다.[3]

해의 움직임에 따라 자고 일어나는 것처럼 우리가 겪는 여러 가지 생체 리듬은 하루 수기로 돌아간다. 생체 리듬은 복잡한 호르몬 및 신경 생리학적 제어 체계에 의해 뒷받침된다. 교대 근무나 시차 적응과 같은 생체 리듬의 방해물은 개인의 안녕과 기분에 심각한 영향을 미친다. 이런 상태 변화에 취약한 사람들은 생체 리듬이 방해를 받으면 조울 증세를 나타내는 것으로 알려져 있다. 일례로, 비행기로 미국에서 영국으로 이동하면 경조증 증세가 특히 일어나기 쉬운 반면 반대 방향으로의 이동은 그렇지 않다.[4]

❧

그날 밤에는 주니어와 이야기를 할 수 없었다. 병동에는 긴장감이 감돌았다. 주니어는 잠시 동안 변명 아닌 변명을 하다가 강력한 진정제이자 항정신병 약인 할로페리돌을 추가 복용했다. 어쨌든 할로페리돌 복용에 대해서는 그가 먼저 언급했으니까.

다음 날 아침 나는 병동으로 돌아가 일상 업무를 봤다. 직원들은 새벽 3시경 주니어가 설핏 잠이 들었다고 보고했다. 다시 일어난 그는 여전히 짜증이 가득했고 '간밤 자정쯤에 관절이 움찔거린 것' 등에 대해 비꼬는 말이며 말장난 따위를 늘어놓고 있었다. 또한 그는 본인보다 더 혼란스러워하고 심각한 장애가 있어 자기표현이 서툰 다른 환자들을 꼬드겨 문제를 일으키기도 했다. "별거 없어. 그저 쇠사슬을 제거하는 것뿐이야." 그는 다른 환자들에게 말했다. "죄수 여러분, 오늘 밤에는 자유를 누려봅시다!" "'하나는 동쪽으로, 하나는 서쪽으로, 또 하나는 뻐꾸기 둥지 위로 날아갔네.' 하!"

나는 그의 방에 얼굴을 불쑥 들이밀고 물었다. "들어가도 될까요?"

"제가 선생님을 막을 순 없죠. 무슨 권리가 있다고. 저는 식민지, 흑인 거주지, 점령지인 걸요." 그는 인도, 남아프리카공화국, 아랍 지역의 억양을 번갈아 쓰며 조롱하듯 대답했다.

나는 그의 침대에 기대어져 있는 처량한 모습의 기타를 발견했다. 보아하니 그다지 심하게 손상된 것 같진 않았다.

"기타 일은 참 안됐…."

"네. 제가 바보 같은 짓을 했죠…. '내 기타가 조용히 우는 동안….'" 그는 건성건성 노래를 흥얼거렸다.

우리는 어제 저녁의 일이 퇴보에 해당하는 이유와 '강제입원'에 대해 논의했다. 그가 좌절하는 것도 이해는 갔다. 그는 정말 나아지고 있는 중이었다. 우리는 그가 외출 시 동행 (병원 직원)을 붙이는 것을 그대로 유지하고, 30분이나 1시간 정도 외출을 하려면 시간이 있는 사람이 생길 때까지 기다려야 한다는 결정을 내렸다. 그는 인내심을 기를 필요가 있었다. 그곳은 폐쇄 병동이었지만 보안이 철저한 것도 아니고 감옥은 더더욱 아니므로 어느 정도의 협조는 필요했다. 우리는 함께 노력해야만 했다. 그는 최초로 발견된 기분 안정제이자 확실한 효과를 본 리튬을 재복용했고 이는 도움이 되는 듯 보였다. 처음 발병한 이후로 최장 기간인 1년 이상 좋은 상태가 유지됐다. 그가 약을 끊기 전까지는.

주니어가 입원한 지 2개월이 지났다. 그는 웨스트민스터 브리지를 배회하다가 신고를 받고 출동한 경찰에게 이끌려왔다. 그가 템스강에 뛰어들 생각이었는지, 의회로 가려고 했는지는 분명하지 않았다. 경찰이 그에게 접근하자 그는 또 다른 폭동이 시작된다며(브릭스턴에서 폭동이 일어난 지 얼마 되지 않았던 때였다) '횡설수설한' 모양이었다. 경찰은 그를 체포하는 대신 병원에 데려왔다.

과연 그가 체제에 순응하기로 했을까? 아니나 다를까 그는 이내 지루함을 감추지 못했고 점점 더 가만있지 못했다. 경조증에 걸린 사람이 지닌 특징 중 하나는 타인을 눈여겨보다가 잡티나 흠, 어쩌다 내뱉은 말실수, 우연히 감지된 약점을 포착해 이용한다는 점이다.

"선생님은 이 일이 좋죠?" 그가 비난조로 말했다. 나는 멍하니 그를 쳐다봤다. "이런 통제, 권력, 강압적 체제 말이에요."

"아니요. 사실 난 그런 거 싫어해요."

주니어는 나를 경멸하고 있었다. 그럼 왜 병동에 흑인이 가득하죠?

그의 말은 일리가 있었다. 실제로 정신 병원에는 흑인 환자 수가 생각보다 훨씬 더 많으며, 이는 런던 내에서 흑인과 소수 민족이 주로 거주하는 지역에서도 마찬가지다. 사람들은 이 주제에 관심을 갖고 연구해왔다.[5] 흔한 바이러스에 노출된 적이 없어서 면역이 형성되지 않은 카리브해 지역 및 아프리카 이민자의 아동기 또는 태아기 감염에 대한 감수성이 뇌 발달이나 기능에 영향을 줬기 때문일까? (다만 이런 증상은 뇌 스캔으로도 감지할 수 없을 만큼 미미하기 때문에 증명하기 힘들다.) 유전적인 이유일까? (이들의 가족에게서 이렇다 할 병력을 발견하지 못했으므로 가능성이 낮다.) 이민과 관련된 걸까? (가능성이 없는 건 아니나 대부분의 환자는 이민 2세대나 3세대였다.) 대마초나 기타 마약 사용 때문일까? (그럴 수도 있지만 대마초 사용은 백인과 흑인 젊은이 사이에서 똑같이 흔하다.) 다른 문화적 태도를 가진 사람들에 대한 이해 없이, 심지어 그들을 통제하려는 노력도 없이 정신 건강 의학적 진단을 내리는, 이른바 꼬리표 달기 때문일까? (런던에서 일하는 자메이카 출신 정신 건강 의학과 의사도 같은 진단을 내렸다는 데서 이 역시 가능성이 높지 않다.) 아니면, 그저 인종 차별이라는 사회의 고질병으로 인한 걸까? 나는 사회가 인종 차별적이라는 점을 받아들일 용의는 있지만 나와 내 직업은 그렇지 않다고 단언할 수 있었다. 나와 함께 일하는 대부분의 사람들은 자유주의적 가치관을 갖고 있었다. 우리는 다양성을 즐기며, 그저 정상적인 상태를 되찾기 위해 노력할 뿐이었다.

나와 내 동료들은 사례 기록을 통해 낙인찍기에 대한 정식 연구에 돌입했다. 우리는 영국의 현역 정신 건강 의학과 의사 200여 명에게 예상하는 진단에 대해 묻고 만약 그 사례들이 진짜라고 한다면 폭력 등의 문제가 발생할 거라고 보는지도 물었다.[6] 우리는 그들이 알지 못하게 기록상의 인종을 바꿔 이것이 응답에 영향을 미치는지 확인했다. 기록상의 인물이 아프리카계 카리브해인이냐 백인이냐, 하는 게 진단명을 낙인찍기 하는 데 미묘하게 영향을 미치긴 했다. 더욱 놀라운 점은 해당 인물이 흑인 남성인 경우 폭력의 위험이 더욱 큰 걸로 인식됐다는 것이다. 우리는 이를 '인종적 사고' 측면에서 논의했다. 인종적 사고는 고정 관념이 사회에 널리 퍼져 있으며 (항상 그런 건 아니지만) 보통은 이런 고정 관념을 부정적인 것으로 인식하는 사회학적 개념이다. 다행히 인종적 사고는 사상적 인종 차별주의와 다르게 사람들의 관심으로 해결될 여지가 있다. 따라서 전문가를 '인종 차별주의자'라고 부르는 건 불가피하면서도 종종 방어적인 부정과 역고소를 초래하는 일로 여겨졌다. 이는 스티븐 로렌스 사건에 대한 경찰의 대처와 제도적 인종 차별주의 개념을 주제로 한 맥퍼슨 보고서가 나오기 몇 년 전의 일이었다.[7]

당시 주니어의 방에 서 있던 나는 그의 꾐에 빠지고 말았다. 나는 인종 차별주의자가 아니었다. 뿐만 아니라 그가 부당한 추론을 통해 매번 유사한 얘기를 입에 올린다는 사실도 잘 알고 있었다. 그가 자신의 행동에 책임을 지지 않으려 한다는 게 나의 최종 변론이었다.

"그렇게 나오시겠다? 백인은 흑인을 앞에 두고 말할 때조차 자기네가 인종 차별주의자라는 사실을 깨닫지 못해요. 흑인이 백인의 문화에 절대로 섞일 수 없다는 걸 결코 깨닫지 못하는 것처럼요." 그러더니 그가 열을 올리기 시작했다. "선생님은 아무것도 모른다고요. '아무리 그래도 사람은 사람이다', 랍비 번스(영국의 시인 - 옮긴이), 랍비 지그문트…. 내가 당신네들보다 더 잘난 정신 건강 의학과 의사라고!" 이제 그는 소리를 지르고 있었다. "가서 프란츠 파농(인종 차별주의에 맞섰던 프랑스의 사상가 - 옮긴이) 좀 읽고 다시 얘기해요!"

❧

내가 알게 된 바에 의하면, 프란츠 파농은 1925년에 당시 프랑스의 식민지였던 카리브해의 마르티니크섬에서 태어났다. 그는 중산층인 흑인 아버지와 혼혈인 어머니를 뒀다. 그는 2차 세계 대전 기간 동안 북아프리카와 프랑스에서 자유 프랑스군과 합심해 싸우다가 부상을 당했고 이후에 프랑스의 무공 십자 훈장을 받았다. 전쟁이 끝난 뒤에는 리옹 의대에서 정신 건강 의학을 전공했다. 그가 학위를 받기 위해 제출한 논문은 그의 첫 저서《검은 피부, 하얀 가면》[8]으로 발전했다. 해당 도서는 도서관에서 찾아볼 수 있었다. 듣기로는, 대학이 '지나치게 주관적'이라는 이유로 논문 승인을 거부했고 1952년에 그는 비교적 주류의 주제에 속했던 신경 정신 건강 의학적 사례 연구 보고서를 대신 제출했단다.[9]

1953년 파농은 정신 건강 의학과 의사 8명이 2,500개의 병상을 담당하는 알제리의 블리다 주앵빌 정신 병원에서 처음으로 주요 직책을 맡게 됐다. 그는 많은 개혁을 단행하고, 작업 요법을 도입하고, 환자들이 병원 관리에 참여하도록 장려했다. 또한 그는 유럽과 아프리카의 환자를 통합시키고자 애썼다. 그러나 이는 유럽의 환자에게만 도움이 됐을 뿐 아프리카의 환자는 '냉담하고 적대적인' 태도를 보였다. 그는 자신이 '식민지 동화 정책'을 채택한 것이 잘못이었다고 생각해 원주민 치유로 노선을 수정했다.[10]

파농은《검은 피부, 하얀 가면》에서 문학, 인류학, 그리고 사르트르, 헤겔 같은 철학자 및 프로이트, 아들러, 융 같은 정신 분석학자에 대해 다루고 있다. 더불어 성적인 질투에서 비

124

롯된 흑인에 대한 백인의 두려움(그는 이것을 이제는 구식이 된 용어인 흑인 혐오증이라 지칭했다)에 대해 언급할 뿐 아니라, 자신과 자신의 조상의 인종 차별 경험이 어떻게 내면화돼 해결 불가능한 갈등으로 이어지는지도 설명한다. "앤틸리스 군도 사람들은 백인 문화가 낳은 노예다. 그들은 백인의 노예 생활을 하다가 스스로를 노예로 여기게 된 것이다."[11] 1956년 그는 알제리 민족 해방 전선에 가담해 프랑스의 신식민주의에 맞서서 보다 적극적인 혁명 활동에 뛰어들었다. 그러다 1961년 알제리 외교관으로 가나에 가 있던 중에 백혈병으로 세상을 떠났다.

나는 그동안 파농에 대해 알지 못했던 것을 아쉬워하며 왜 그가 카리브해인의 유산을 물려받은 정신병 환자에게 영감이 되는지 깨달았다. 인종적 사고의 개념은 프란츠 파농이《검은 피부, 하얀 가면》을 이론화하던 초기 단계에는 어울렸을지 모르지만 그가 더 급진적으로 변했을 때는 그렇지 않았다.

❧

주니어의 조급함과 떠벌림은 점차 줄어들었다. 이제는 이 주제에서 저 주제로 정신없이 옮겨 다니지 않고도(이를 사고 비약이라 부르기도 한다), 또 다른 사람을 지치게 하는 공격적인 농담 없이도 그와 긴 대화를 나눌 수 있었다. 덕분에 경력 되살리기, 가족이나 친구와의 분열된 관계 수습하기, 정신 병원에 재입원하는 일 피하기 등과 같은 중요한 사안을 논의하는 게 가능해졌다. 그의 말투는 진지했고, 심지어 우울하게 느껴질 정도였다. 나는 그가 우울한 상태가 된 것인지, 아니면 그를 더 잘 아는 사람들의 생각처럼 사려 깊고 심사숙고하고 수심 어린 청년이 그의 진짜 모습인지 궁금했다. 다만 가끔 가다 내 백인 특권에 대해 가시 돋친 말을 내뱉는 건 여전했다. "선생님이야 그렇게 말하기 쉽겠죠." "선생님은 보나 마나 투쟁이란 걸 단 한 번도 해보지 않았을 거예요." 나는 그와 함께 음악에 관한 비임상적인 대화도 나눴다. 나는 그에게 피아노를 좀 칠 줄 안다고 말했다. 우리는 재즈를 좋아한다는 공통점이 있었다.

동반 외출은 영국의 정신 보건법에 따른 병원 감금 조건의 일부였으나 주니어에게 있어 여전히 갈등과 불만의 씨앗이 됐다. 주니어는 상태가 좋지 않을 때 홀로 외출을 감행하면 문제가 발생할 수 있고, 나아가 이후에 제약이 더 심해질 수 있다는 원칙을 이해하고 있었다. 그러나 그의 입장에서 일이 처리되는 속도가 너무 느렸다. 당시 나는 정신 건강 의학과 수련의였던 터라 강제 입원에 관한 결정은 내가 아닌 고문 의사가 내렸다. 이에 나는 주니어의 권태감을 덜고 우리의 관계를 더욱 견고히 할 만한 아이디어를 냈다. 다음번 동반 외출 때 내가 함께 구내를 산책할 테니 기타를 갖고 오라고 말했던 것이다.

병실을 나선 우리는 병원 체육관으로 갔다. 한쪽 끝에 고장 난 체육관 물품이며 탁구대, 빈 캐비닛, 쓰레기가 가득하고 오랫동안 사용하지 않아 먼지투성이인 무대가 있었다. 거기에는 초록색 캔버스 천으로 덮인, 폴 매카트니가 '렛 잇 비'를 연주할 때 썼던 것과 같은 종류인 블뤼트너사의 콘서트용 그랜드 피아노가 놓여 있었다. 나는 그 피아노가 망가지지 않았다는 사실을 알고 있었다. 병원에서 크리스마스 무언극을 할 때 연주에 쓰던 걸 봤기 때문이다. "우와!" 주니어는 그 자리에 얼어붙은 채 그저 감탄사만 연발했다. 사실 그 피아노는 몇 년 전 거장 존 오그돈(영국의 피아니스트 - 옮긴이)이 이 병원의 환자였을 때 연주했던 피아노였다.[12] 존 오그돈이 조울증의 변종이라 할 수 있는 심각한 정신병을 겪었다는 것은 널리 알려진 사실이며, 한때 그는 런던 중심부에서 여러 연주회를 치르는 동안 이 병원을 근거지로 이용했다.

"자, 즉흥 연주 한번 해볼까요?" 주니어는 의자를 끌어당겨 앉더니 금이 좀 갔을 뿐 소리를 내는 데는 전혀 무리가 없는 기타를 튜닝하기 시작했다. 그는 아마추어 음악가로서 여럿이 모여 이런저런 곡명이나 아티스트의 이름을 대며 의견을 조율해가는 일이 익숙할 테니 홀로 연주를 준비하는 상황이 실망스러울 수 있었다. "기본적인 걸로 해볼까요?" 내가 먼저 제안했다. "거슈윈의 '서머 타임'¹³ 어때요?" 이 작품은 실패하는 법이 없다.

몇 번을 반복하고 나니 준비가 잘된 듯했다. 주니어는 가사를 알고 있었다. 음악이 흐르자 우리 둘 다 편안해졌다. 평소와는 너무도 다른 환경에 우리는 마치 한통속이 돼서 땡땡이라도 친 것만 같았다.

"조지 거슈윈―'포기와 베스(거슈윈이 작곡한 오페라 작품 - 옮긴이)'―이라. 선생님은 왜 하필 가장 깊고도 어두운, 가장 심오한 흑인들의 경험을 노래한 브루클린 출신의 젊은 유대인 남성을 고른 겁니까?" 그가 물었다.

"그 작품을 모르는 이가 없다는 게 거슈윈의 천재성을 증명하는 거잖아요?"

"좋은 작품이죠. 인정해요. 하지만 문화 도용 문제에 대해 한번 얘기해보죠. 백인 유대인도 어두운 역사를 간직하고 있으면서 왜 우리 것을 빼앗아갑니까?"

나는 분위기를 망칠 생각은 없었으나 그가 무슨 말을 하려는 건지 곰곰이 생각해봤다. 그러자 불현듯 이해가 됐다. '내 백성을 가게 하라'라는 구절, 점령지, 랍비 번스, 랍비 지그문트 등은 단순히 피해자인 유대인이 공격자가 됐다는 생각(그리고 내 스코틀랜드 억양)을 인용한 게 아니라, 나 개인을 겨냥한 말이었다. 그는 자신이 생각하는 우리 사이의 힘의 불균형을 회복하기 위해 이용할 만한 약점을 찾으려는 시도를 했던 것이다. 즉, 그는 내가 틀림없이 유대인일 거라는 자체적인 결론을 내렸던 것이다. 나는 내 배경이나 사생활에 대해 언급한 적이 없었다. 직업적 거리 두기를 하려면 일정한 선을 지켜야 했다. 그를 친절하게 대할 순 있지만 그와 친구가 될 순 없다. 나는 주제를 바꿔봤다.

"좋아요. 그럼 12마디 블루스는 어때요?" 나는 시범 삼아 몇 가지 화음을 쳤고 우리는 다시 연주를 시작했다.

"'블루스 맨이 백인을 노래할 수 있을까? 아니면 그들은 블루스를 노래하는 위선자일 뿐일까?(영국의 가수인 본조 도그 두다 밴드가 쓴 노래의 가사로 당시 뜨거운 감자였던 백인 블루스 가수 논쟁을 패러디한 것이다 - 옮긴이)'" 그의 열정적인 흥얼거림과 함께 우리의 연주는 화려한 장7화음으로 마무리됐다.

"분위기를 살짝 다운시켜보죠. 잔잔한 재즈 괜찮아요?" 내가 제안했다.

우리는 몇몇 이름을 댔다. 내가 그로버 워싱턴 주니어의 히트곡이 어떤지 물었다. 도입부는 반음계로 내려가서 까다롭지만 그다음에는 단순한 반복 악절이라 즉흥 연주에 제격이었다.

"멋진데요!" 주니어가 응수했다. "내가 연상의 여인에게 잘 보이고 싶을 때 연주하던 곡이라고요."

'우리 둘이서…'[14]

우리는 큭큭대며 웃었다. 분위기가 다시 살아났다.

우연히 시계를 봤다. 병동을 나온 지 1시간이 넘어 있었다. 나는 사람과 사람 사이를 연결해주고 약물로도, 심지어 말로도 도달할 수 없는 부분까지 닿게 해주는 음악의 힘을 실감했다. 그러나 이제 돌아갈 시간이었다. 나는 피아노 뚜껑을 닫고 주니어는 기타를 챙겼다. 그는 인상을 쓰며 기타의 몸체를 쓰다듬었다.

"고칠 수 있겠죠. 그랬으면 좋겠어요."

나는 그를 안심시키듯 고개를 끄덕였다.

"아, 그리고 오늘 일은 고맙습니다." 그는 부드럽고도 진지하게 말했다. "재미있었어요."

"네. 나도 즐거웠어요."

체육관을 나서는 길에 그가 갑자기 멈춰 섰다. "그나저나 유대인 맞으세요?"

나는 잠시 머뭇거렸다. "네."

그는 내 눈을 바라봤다. "뭐, 어쨌거나 난 흑인인걸요."

chapter 5.

먹는 것이 그 사람을 만든다
you are what you eat

그녀는 엄격한 루틴에 따라 생활했고

식사는 하루 2번이면 충분하다고 주장했다

'먹는 것이 그 사람을 만든다'라는 말은 귀에 확 꽂힐지는 모르나 다소 황당한 감이 없잖아 있다. 또 '살기 위해 먹어야지 먹기 위해 살지 마라'라는 말은 합리적이나 별다른 감흥을 주지 못한다. 배고픔과 식욕은 인간의 가장 강력한 생물학적 욕구 중 하나다. 그렇지만 성욕과 마찬가지로 오늘날 우리의 식습관은 단순한 진화적 명령이 아닌 의식, 관습, 상업화, 윤리로 구성된 거대한 문화망의 지배를 받는다.

칠면조에 온갖 요리가 곁들여진 크리스마스 만찬 식탁을 떠올려보자. 직사각형의 석제 상판에 고급스럽고 모던한 미식가의 전당이 차려진다. 송이송이의 식용 꽃. 끈적끈적한 내장 요리. 보석만큼이나 정교하게 저민 생선회. 우유를 발효시킨 커드로 만든 수많은 종류의 치즈. 동남아의 길거리에서 볼 수 있는 매콤한 파충류 요리. 유전자 조작 두부. 쇠퇴한 해안 도시에서 먹는, 어제 자 신문에 싼 대구 튀김과 프렌치프라이. 엄청나게 많은 똑같은 모양의 햄버거. 금요일 밤의 테이크아웃 카레. 사형수의 최후의 만찬. 몸과 피. 금식과 잔치. 마법 같은 치유력을 지닌 닭고기 수프.

식욕은 복잡하지만 균형이 잘 잡힌 신경과 체액 체계에 의해 관리된다. 이는 생리학자들이 항상성이라 부르는 것의 일종으로, 항상성이란 인체가 내부 환경을 항상 충분한 에너지가 있는 상태로 조절하는 능력을 뜻한다. 먹는 게 부족하면 식욕을 유발하는 콜레시스토키닌, 그렐린[1] 같은 호르몬('체액')이 나와서 배고픔을 느끼고 음식을 찾게 만든다. 음식이 위에 도달하면 인슐린, 렙틴 같은 호르몬이 나오며, 이 화학적 메신저가 뇌의 기관실이라 할 수 있는 시상 하부에 먹는 행위를 멈추라고 말하면(식욕 억제) 포만감을 느끼게 된다.

그 밖에도 혈류를 따라 흐르는 많은 호르몬이 존재하며, 신경계를 따라 전달되는 전기적 메시지도 존재한다. 내장과 뇌를 연결하는 주요 전선은 미주 신경이다. 위는 뇌로 전기 신호를 보내 우리에게 배고픔과 포만감을 알리고, 기본적인 것(대표적으로, 침)에서부터 아주 복잡한 것(고급 레스토랑 예약)까지 다양한 반사 행동을 유도한다. 이 과정에서 시상 하부의 'AgRP-발현 뉴런'이라는 세포군이 핵심적인 역할을 한다. 1950년대에 시행된 쥐 실험은 외측 시상 하부의 병변이 섭식 행동을 멈추게 할 수 있으며, 여기에 전기 자극이 가해지면 그 현상이 무한히 지속될 수 있음을 보여 줬다. 이를 '껐다 켰다 하는' 스위치라 부르기에는 지나치게 단순화한 면이 없잖아 있다. 다만 시상 하부의 역할만큼은 인정할 수밖에 없다.[2]

뇌 활동은 뇌간의 맨 위, 뇌의 감각 중계소인 시상 밑에 자리 잡은 시상 하부로부터 펼쳐져 나와서, 동기 부여와 보상에 관여하며 애호와 욕망의 감정을 만들어내는 중뇌 영역으로 퍼져나간다. 이 활동은 그곳에서부터 대뇌 피질 내의 더 높은 실행 통제 영역으로 계속해서 퍼져나가는데, 대뇌 피질은 이런 감각에 대해 숙고하는 역할을 한다(이를테면, 이 활동을 언제 반복할지 계획하거나, 죄책감을 느끼고 다이어트를 고려한다). 주목할 점은 음식에 관한 한 항상성과 생리학적 균형은 곧 도덕적 균형이라는 관념으로 빠져든다는 것이다. 이 과정이 현실 세계에 적용되면 항상적 식사 대 쾌락적 식사라는 교착 상태에 빠질 수 있다. 제아무리 냉철한 신경 과학자라고 하더라도 이와 같은 갈등 관계를 피할 수 없다.[3]

신경성 식욕 부진은 말 그대로 암이나 만성 감염 같은 신체적 상태 때문이 아니라 신경적 또는 정신적 상태 때문에 식욕을 잃는 것이다. 이 용어는 1873년에 이런 증상이 '주로 젊은 여성'에게서 발생한다고 한 윌리엄 걸이 처음으로 만들었다. 하지만 이러한 증상의 기원은 훨씬 더 이전인 고대로 거슬러 올라간다.[4] 많은 환자와 임상의는 이 장애의 주된 원인이 식욕 감퇴가 아니며 오히려 체중 증가와 살찌는 것에 대한 극심한 두려움 및 마르고 싶은 욕망 때문이라고 한다. 이는 음식 제한이나 폭식, 구토로 이어진다. 어떤 환자는 과거를 돌이켜보다가 사실은 자신이 식욕이 없었던 게 아니라 정반대로 끊임없는 배고픔을 견뎠으며, 카프카의 단편 〈어느 단식 광대〉 속 등장인물처럼 투지와 고도의 능력으로 자신을 통제함으로써 식욕을 잠재운 거라고 말했다. 또 어떤 환자는 시간이 지나면 굶주림에 동반돼 나타나는 미약하게 지속되는 메스꺼움에 의해 식욕이 줄어든다고도 말했다. 이는 신체에 축적돼 있던 지방을 분해시켜 케톤이라는 화학적 부산물을 만들고, 이것이 혈액에서 순환하며 식욕을 억제하고 입안에서 역겨울 정도로 단내가 나게 만들기 때문이다.

윌리엄 걸이 살던 시대의 런던에서는 결핵이 풍토병이었던 터라 젊은 사람이 체중이 많이 줄었다고 하면 의사는 일단 결핵부터 떠올렸다. 따라서 신경성 식욕 부진은 의학적으로 희귀한 경우에 속했으며 결핵의 '감별 진단' 시 고려하는 요소에 불과했다. 그러다 1950년대에 이르러 이 장애는 더 큰 주목을 받고 널리 퍼지게 됐다. 이때 무거운 감정의 응어리 같은 것도 함께 따라왔다. 힐데 브루흐 같은 정신 분석학자들은 소녀가 여성으로, 그리고 가족과 분리된 성적인 존재로 변모할 때 느끼는 어려움과 근본적인 신체상 장애 등을 핵심적인 심리 요소로 꼽았다.[5]

1970년대에는 수지 오바크 같은 페미니스트 사상가들이 자신들이 추구하는 관점을 더해 현대 사회의 식생활, 다이어트, 비만 등을 비판하기 시작했다.[6]

신경성 식욕 부진을 묘사한 장면은 매우 전형적이다.[7] 누구나 한 번쯤 대중 매체에서 살찌는 것을 두려워하는 사춘기 소녀의 애처로운 이야기를 접해본 적이 있을 것이다. 그리고 이는 단식, 고통받는 가족, 그리고 가끔은 조기 사망이라는 결과로 이어진다. 신체상은 종종 마른 여자가 거울에 비친 살찐 도플갱어를 보고 있는 기발한 아이디어로 탄생한 장면으로써 그려지기도 한다.

케이틀린은 달랐다. 그녀는 '비정형성(?) 섭식 장애'라는 꼬리표를 달고 나를 찾아왔다. 이제 막 40대가 된 그녀는 본인을 뚱뚱하다고 생각하지 않았다. 오히려 반대로 자신이 마른 편에 속한다는 데 동의했다. 다만 자신의 창백하고 야윈 모습을 별거 아닌 것으로 생각하고 행동하고 아주 과소평가하는 경향은 있었다. 그녀는 몇 년간 생리도 하지 않았다. 그녀의 문제는 식욕이 없다는 것이었다. 그녀를 진찰한 의사들은 '유기적인' 문제 또는 뇌의 이상—무월경을 일으킬 수 있는 뇌하수체의 종양이나 식욕 감퇴를 유발하는 시상 하부의 종양—을 의심했다.[8] 그러나 일반 MRI 촬영 결과는 이러한 가능성을 모조리 잠재워버렸다. 호기심이 동한 나는 그녀의 증상, 특히 '식욕 감퇴'라는 부분에 대해 더 알아보기로 결심했다. 정작 그녀는 대화에 별 흥미가 없어 보였지만.

"다들 음식에 대해 너무 유난을 떨어요. '뭘 먹고 싶어?' '우리 외식할까?' '진짜 맛있지 않아?' '맛이 좋네.' 항상 이런 말을 하죠. 정말 귀찮아요."

그녀의 식사는 얇은 비스킷, 양상추, 홍차, 때로는 사과였다. 그녀는 단지 음식을 즐기지 않는 게 아니라 그래야 한다는 생각 자체가 없었고, 남들이 그러는 것에 대해서도 이해하지 못했다.

"생물학적인 기능일 뿐이잖아요. 사람들, 보통은 여자들이죠? '음식과의 복잡한 관계'에 대해 끊임없이 얘기하는 걸 못 봐주겠어요. 대체 어떻게… 도넛과 관계를 맺을 수가 있죠? 더 중요한 일들이 차고 넘치는데."

케이틀린은 쏟아내듯 말하더니 한참 아무 말이 없었다. 그녀는 어딘가에 정신이 팔린 것처럼 심란해 보였다.

"이를테면, 어떤 일들이죠?" 얼마 후 내가 물었다.

"네? 죄송해요. 딴생각하느라."

"더 중요한 일들이 많다고 하셨잖아요. 어떤 게 있나요?"

"아, 그러니까…."

케이틀린과의 대화는 그녀를 압축해서 보여주는 것 같았다. 그녀는 입안으로 실속 있는 아무것도 들어가지 않다 보니 나오는 것도 별로 없었다. 음식은 생명을 유지하는 용도로 먹는다는 게 그녀의 철학이었다. '왜 먹는 게 즐거워야 하지?' 그녀는 모든 일에 대해 이런 태도를 갖고 있었다.

케이틀린은 아일랜드의 작은 농장에서 성장했다. 그녀는 4남매의 막내이자 외동딸이었다. 아버지는 그녀가 10대 후반일 때 심장 마비로 갑자기 돌아가셨다. 어머니는 농장 일을 하며 자식들을 기르셨다. 오빠 둘이 농장 운영을 함께했고, 신부 수련을 받았던 막내 오빠는 마음을 바꿔 사회 복지사가 됐다. 공부를 곧잘 했던 케이틀린은 집을 떠나 영국에 있는 대학에서 역사를 전공했다. 그녀는 너무나 사랑하는 어머니의 곁을 떠나는 데 양심의 가책을 느꼈다. 어머니는 요리를 좋아하고 따뜻하며 배려심 많은 분이었지만 아버지가 돌아가신 뒤로 쭉 무감각한 상태에 빠져 있었다. 어머니가 점차 일종의 '집착'을 보이자 케이틀린은 숨이 막혔고 집에서 나가야겠다는 생각이 들었다. 돈 없이 농장 생활을 하는 것은 쉽지 않았다. 케이틀린은 대학과 잘 맞았으며, 나이에 비해 성실하고 검소하고 독립적이었다.

그녀는 그냥 우울증에 걸렸던 걸까? 우울감이 즐거운 기분을 죄다 마비시킨다는 건 누구나 아는 사실이다. 그리고 우울증의 핵심 증상이 바로 무쾌감증(말 그대로 즐거움이 없는 상태)이다. 일반적인 경우는 아니나, 어떤 사람들은 우울감을 느끼면 사라져가는 쾌감의 기회를 쫓기 위해 '먹는 것으로 위안을 삼는 행동'을 한다. 하지만 이는 보통 더욱 극심한 절망과 자기혐오를 초래한다.

나는 케이틀린에게 기분에 대한 일반적인 질문을 해봤다.

• 미래를 어떻게 보나요?

"내가 무슨 생각을 하든 간에 미래는 오겠죠."

• 당신의 삶은 살 만한 가치가 있다고 생각하나요?

"당장은 그래요. 해야 할 일이 있으니까요."

• 죄책감을 느끼는 대상이 있나요?

"네. 많아요."

• 당신이 좋은 사람이라고 생각하나요?

"'좋다'는 게 어떤 의미인지에 따라 다르겠죠."

• 당신에게 우울증이 있다고 생각하나요?

"음, 잘 모르겠어요. 어쩌면요."

모든 대답은 아무런 고심 없이 착착 나왔다. 일부러 얼버 무리는 것처럼 보이지는 않았지만, 나는 케이틀린이 스스로 를 손에 잡히지 않는 존재로서 최대한 덜 인상적으로 표현하 고자 애쓴다는 느낌을 받았다. 그녀는 우울증의 평범한 징후 를 보이지 않았으나 섣불리 단정 짓기 힘들었다(내 환자 대부 분이 그렇지만).

나는 질문을 이어갔다. "그럼 당신은 스스로가 행복하다 고 생각하지 않는 거네요?"

"네. 전혀요. 우울증이 뭐든 간에 그것 때문이 아니에요. 요즘 사람들이랑 다르게 전 행복을 기대하지 않아요. 역사적 으로 볼 때 우리에게는 그럴 권리가 없어요. 행복은 뭐랄까…

허무한 거예요. 주어진 삶을 살고 좋은 일을 하려고 노력하며 최소한 남에게 폐를 끼치지 않는 것, 전 이거면 충분해요."

나는 약물 치료와 항우울제에 대해 언급했다. 이것들이 지금 시점에서 유용하다는 확신 때문이 아니라, 그저 이런 치료에 대한 입장이 어떤지 알아보기 위해서였다. 신경 안정제요? 절대 안 돼요. 몇 분간의 침묵 끝에 나는 방법을 바꿔보기로 했다.

"자신이 어떻다고 생각해요? 그러니까, 신체적으로 말이에요."

"그게 무슨 말이에요?"

"자신을 좋아하세요? 자신의 외모를?"

그녀는 한참을 조용히 생각하더니 대답했다. "그 둘이 같은 개념인지 잘 모르겠는데요."

맞는 말이었지만 그건 완전히 새로운 논의 사항이었고 상담 시간은 끝이 났다.

케이틀린에 대해 알기까지 시간이 좀 걸릴 터였다. 그녀와의 첫 만남은 1시간 반가량이 걸렸다. 나는 1달 후에 다시 보자고 제안했다. 1~2주마다 정기적으로 만나서 정해진 횟수대로 받는 심리 치료나, 이보다 더 자주 만나고 기한이 따로 없는 (그리고 내가 수련하지 않은) 정신 분석을 제안했던 게 아니다. 여기는 종합 병원 내의 일반적인 국민 보건 서비스 외래 진료 센터이니까. 그럼에도 나는 뭔가 제안해야만 한다는 생각이 들었다.

나는 그녀에게 얇은 비스킷에 크림치즈를 살짝 발라서 먹어보라고 이야기해줬다. 그녀는 알겠다고, 그렇게 해보겠다고 대답했다.

신체상이란 무엇인가? 이에 대한 지그문트 프로이트의 유명한 글이 있다.

가장 원초적인 자아는 신체적 자아다. 자아는 표면에 불과한 것이 아니라 그 자체가 표면의 투영이다. 이에 대한 해부학적 비유를 찾는다면, 해부학자들이 말하는 '뇌 난쟁이(대뇌 피질 호문쿨루스)'와 동일시하는 게 가장 적절할 것이다. 뇌 난쟁이는 대뇌 피질에서 물구나무를 선 모양으로 발꿈치를 뻗고 뒤를 보고 있으며, 잘 알려져 있듯이 왼쪽에 언어 영역을 지닌다. 정신은 신체에 의지할 수밖에 없지만 본질적으로는 신체와 다른 내관(內觀; 자기 관찰)이나 상상, 또는 삼차원적 신체 모형 같은 개념의 영향을 받는다.[9]

1920년대에 이 글을 쓴 프로이트는 신체 도식, 즉 뇌 속의 완벽한 축소판 신체 지도의 개념이 지배적이던 당대의 신경학적 사고에 의지했다. 이 지도가 일정한 비율로 축소된 완전한 복사본이 아니라 하나의 묘사라는 사실은 20세기 초에 분명해졌으며, 1935년에 신경 정신 의학자이자 프로이트의 제자였던 파울 실더가 '신체상'이라는 용어를 소개하면서 더 자세히 설명됐다.

신경학자들은 우측 두정엽[10]의 손상이 신체 감각, 특히 몸 왼쪽의 감각에 영향을 주는 아주 이상한 증상을 일으킬 수 있음을 알게 됐다. 어떤 경우에는 한 사람이 반으로 갈라진 것처럼 자기 몸의 왼쪽을 아예 무시하거나 인정하지 않기도 한다. 편측 무시라고 하는 이 증상은 오늘날 많은 사람들이 알고 있지만 아직도 이해되지 않는 부분이 많다. 다만 눈에 띄는 점은 바로 편재화로, 신체상의 신경학적 장애는 거의 예외 없이 비대칭적이며 보통은 왼쪽 팔다리에 영향을 준다.

한편, 일정 비율로 축소하지 않은 신체 도식의 또 다른 모습도 있다. 프로이트의 글에 나오는 '호문쿨루스(작은 사람)'라는 용어는 캐나다의 신경외과 의사인 와일더 펜필드에 의해 알려졌다. 그는 1940, 50년대에 수술을 앞둔 간질 환자의 체성 감각 피질에 전기 자극 실험을 실시했다. 그리고 뇌의 어느 영역에서 어떤 방식으로 신체 감각을 유발하는지 보여주는 설득력 있는 지도를 만들어냈다. 이 지도는 몸 오른쪽에 해당하는 부분을 왼쪽 뇌에 표시한 데다 비율도 왜곡됐다. 검지 끝에서부터 이어진 신경 말단은 아주 많은데, 오른손잡이라면 오른쪽에 특히 더 많다. 이들은 뇌에 더 많은 자리가 필요하다. 혀, 입술, 외음부도 마찬가지이나 이들은 수직축을 따라 반으로 갈라진 것으로 묘사된다. 반면에 등과 다리는 자리를 거의 차지하지 않는다. 하지만 운동 조절에 관여하는 운동 호문쿨루스는 두정엽보다 훨씬 앞쪽에 있는 전두엽의 운동 영역에 있다. 여기서는 손가락이 크게 부각되고, 팔다리는 동작 기능에 상응하는 만큼의 자리만을 차지한다.[11]

따라서 뇌 속의 신체상은 실제 신체를 토대로 그려지되 똑같진 않다. 게다가 이것은 시작에 불과하다. 조절되고 인지된 몸에서부터 좀 더 애매하게 '느껴지는' 몸을 거쳐 상상된 몸으로 가는 것은, 물리적 세계의 확실성에서부터 심리학을 거쳐 가변적이고 때로는 가혹한 현실과 마주하는 사회적 세계로 가는 것과 같다. 각 지도나 이미지는 체성 감각 피질에서 측두엽과 전두엽처럼 신체와 주고받는 정보를 단순히 전달하는 게 아니라 조종 및 추출하는 뇌의 영역에 도달하면서 점점 더 실제와 멀어진다.

신체 도식의 신경학적 장애가 편재화되고 비대칭적인 경향이 있는 것과는 대조적으로, 정신 건강 의학과 의사와 상담이 필요한 장애를 갖고 있으면서도 성형외과 의사를 찾아가는 사람들은 놀라우리만치 신체의 정중선(正中線: 코, 가슴, 배,

성기, 또는 전체 사이즈)의 대칭 문제에 집중한다.

케이틀린과의 다음 두 차례의 만남도 비슷하게 진행됐다. 케이틀린은 대중교통을 이용하지 않는데도 정시에 도착했고, 같은 옷을 자주 입었다. 나는 그녀의 체중과 신체 건강에 초점을 맞추려고 노력했다. 그녀는 자신의 몸무게를 몰랐다(한 번도 잰 적이 없단다). 내가 보기에는 40~45킬로그램 정도 되지 않을까 싶었다. 그녀는 외모에 그다지 신경 쓰지 않았으며 거울 앞에 앉는 일도 없었다. 또한 반드시 필요한 상황이 아닌 한 목욕도 하지 않는다고 말했다. 육안으로는 그녀가 딱히 살이 빠지고 있지는 않았다. 그럼에도 케이틀린은 생리를 하지 않았다. 그녀의 체중이 여전히 진화적으로 결정된, 즉 정상적인 생식을 가능하게 하는 수치에 미치지 못했기 때문이다. 시상 하부에서 시작되는 이 수치는 난소를 작동시킴으로써 또 다른 항상적 연쇄 반응을 일으킨다. 이에 대한 그녀의 반응은 다음과 같았다. "생리를 꼭 해야 하나요?"

그녀는 일과 수면이 반복되는 엄격한 루틴에 따라 생활했고 식사는 하루 2번이면 충분하다고 주장했다. 나로서는 케이틀린을 살아가게 하는 원동력이 무엇인지 이해하기 힘들었다. 내 머릿속은 초대받지 못한 음식 관련 은유로 넘쳐났다.

우리의 만남은 싱거웠다. 이따금 그녀가 찌꺼기를 던지긴 했지만 소고기, 즉 알맹이는 어디 있단 말인가. 그녀와의 만남 후 정말로(은유적인 게 아니라) 베이컨 샌드위치를 갈망하게 된 나는 동네의 작고 허름한 식당으로 달려가야 했다. 음식에 관한 대화가 내 식욕을 돋웠던 걸까, 아니면 일종의 무의식적인 투영이었을까? 케이틀린은 배고픈 느낌에 면역이 된 듯했지만 어찌된 건지 나는 그 허기에 전염된 것 같았다. 그녀가 단순히 날것 그대로의 느낌을 전달하는 장치가 아니라 진정한 삼차원의 사람이 되려면 내가 그녀에 대해 더 잘 알아야 했다. 즉, 뼈에 살을 붙이는 과정이 필요했다.

케이틀린과의 다음 약속 전에 나는 파일에서 오래된 편지와 메모 들을 꺼내봤다. 그녀는 20대 중반부터 상담을 받아왔으며 중간중간에 심층적인 심리 치료를 받기도 했다. 이는 반드시 탐구해볼 만한 자료였다.

다음 만남도 다른 때와 비슷하게 시작됐다. 다른 게 하나 있다면, 케이틀린이 서류─그녀가 하는 연구의 일부─로 가득한 학생 가방을 메고 왔다는 것이다. 그녀는 여느 때처럼 칙칙하고 볼품없는 옷을 입고 있었고 여전히 수척했다. 나는 우리가 지난번에 하다 말았던 그녀의 이력에 대한 이야기를 다시 시작했다. 대학에 들어간 그녀는 현대사, 특히 2차 세계대전에 매료됐다. 그리고 이것은 여전히 그녀의 관심 분야였다. 좋은 성적으로 졸업을 한 뒤에는 연구 조교로 있다가 박사 과정을 시작했다. 학위를 받기까지 한참이 걸렸지만 그녀는 결국 해냈고 강사가 됐다. 책도 쓰고 있었다. 주제는 교회와 적십자 같은 유럽의 기관이 파시즘의 출현에 어떻게 반응했는가에 관한 것이었다.

나는 나의 무지함을 고백하며 그 내용에 대해 좀 설명해달라고 부탁했다. 그녀는 생기가 돌았다. 그녀는 자신의 '전문 분야'나 내면의 감정에 집중하지 않아도 되는 주제에 대해 말할 때 훨씬 더 편안해 보였다. 그녀는 자신이 몸담은 분야의 학자들은 종종 역사와 지리의 잘 알려지지 않은 구석, 그리고 더 큰 그림을 그릴 수 있을 만한 사건에 이끌린다고 설명했다. 그리하여 그녀는 박사 학위를 따기 위해 발칸반도 연구를 시작하면서 그곳을 속속들이 여행하게 됐다.

그녀는 얼마나 많은 크로아티아 집단이 나치의 손을 들어줬는지, 또 세르비아인과 집시에게 어떤 잔혹 행위가 가해졌는지에 대해 설명했다. 우스타샤에 대해 들어보셨나요? 내가 못 들어봤다고 하자 그녀는 실망감에 고개를 절레절레했다. 우스타샤는 1, 2차 세계 대전 사이에 폭력적 민족주의 운동을 벌인 조직이다. 이들은 나치 독일에 협조하면서 정권을 잡았는데, 나치 독일조차 너무 잔인하고 광적이라며 혀를 내두를 정도였다고 한다. 우스타샤 민병대는 피해자를 고문한 뒤 신체를 엽기적으로 절단하는 걸로 악명이 높았다. 케이틀린은 우스타샤가 정교회에 반대하는 입장이었기 때문에 로마

가톨릭교의 지지를 받았다고 했지만, 이는 지금까지도 완전히 인정되지 않은 사실이다(가톨릭 집안에서 성장한 그녀는 이 사건에 대해 사적인 부끄러움을 느끼고 있었다).

다소 충격적이긴 했지만 매우 흥미로운 역사 수업이었다. 그녀는 그러한 설명을 통해 내게 뭔가를 상징적으로 전하려 했던 걸까? 몇 가지 가능성이 있었다. 케이틀린의 역사 수업을 통해 알게 된 건 그녀에게 날카로운 지성, 그리고 부당함과 위선에 대한 심한 과민성이 있다는 점이었다. 나는 그녀를 과소평가하지 않아야 했다. 시간이 흘러 약속한 30분이 끝났다. 나는 우리의 표면상의 목적을 떠올렸다. 먹는 건 어때요? 체중은 좀 늘었나요? 그녀는 크림치즈의 질감은 잘 알지 못하지만(그녀는 완전 채식으로 바꿔가는 중이라고 했다), 그래도 계속 노력하고 있다고 말했다. 체중도 1킬로그램 정도 늘었다고 했다. 이건 그리 중요하지 않았다. 나는 잘했다고 말해준 다음 하루 두 끼의 식사에 대해 몇 가지 규칙을 적용할 것을 권했다. 예를 들어, 간식으로 견과류처럼 몸에 좋고 채식에도 적합한 음식을 먹는 것이다. 그녀는 그렇게 해보겠다고 말하고는 짐을 챙겨서 떠났다.

1달 뒤에 있었던 다음 약속 때 나는 1시간을 비워뒀다. 내 착각인지 모르지만 그녀는 아주 조금 나아진 듯 보였다. 여전히 심하게 마르긴 했지만 볼에 홍조 기가 살짝 도는 것도 같았다. 그녀는 피곤하지만 일은 잘돼가는 중이라고 말했다.

그녀는 적십자에 대해 더 알아보고 있었다. 전쟁이 일어나기 전에 나치가 독일 적십자를 장악해 자신들의 기구로 이용했던 사실을 아는지 물었다. 그녀의 말에 따르면, 그러는 동안 국제 적십자 위원회는 이 문제를 해결하고 그 유명한 '음식 꾸러미'로 어떻게든 전쟁 포로와 강제 수용소의 수감자를 지원하기 위해 안간힘을 썼다고 한다. 나는 그녀의 일을 진심으로 흥미롭게 여기며 역사 관련 얘기만 들어도 시간이 후딱 지나가겠지만 그러면 상담에 집중이 안 될 수도 있다고 그녀에게 말했다. 그녀는 말을 멈췄다. 기분이 상한 모양이었다. 자세를 고쳐 앉은 그녀는 팔짱을 끼고 마치 성적이 부진한 학생을 대하듯 말했다.

"그래서, 우리가 무슨 얘기를 해야 하는데요?"

"음, 물어보려고 했던 게 있는데… 기록을 보니 상담을 받은 적이 있더군요."

"아, 그거요. 잠시 동안 정기적으로 받았었죠. 여자 심리 치료사였는데, 사실 굉장히 도움이 됐어요. 한참 지난 일인데요. 그 얘길 다시 해야 하나요?"

"아뇨. 그럴 필요는 없지만 어떤 이유로 상담을 시작했는지 궁금합니다."

"아, 그게… 전 제 자신도, 세상도 싫었어요." 그녀는 한참 동안 말이 없었다. "구 유고슬라비아를 여행할 때였어요. 한 영국인 남자를 만났죠. 그 사람은 대학을 중퇴하고 유럽

을 돌아다니는 중이었어요. 저는 그를 좋아했어요. 친구라 생
각했죠. 어느 날 밤에 그가 술에 취해서 강제로… 저를 성폭
행했어요. 엄밀히 따지면 강간은 아니라고들 하더군요. 그래
도 그건… 정말 역겨웠어요. 믿었던 사람에게 배신을 당하고
나니… 성관계도 싫어졌고… 남자도… 솔직히 말하면 사람
이 다 싫어졌어요."

케이틀린은 사무적이라 할 수 있을 정도로 차분했다.

"끔찍하군요. 당시에 신고를 한다거나 도움을 요청했나요?"

"아뇨. 의미 없는 일이었어요. 아무튼, 지금은 다 극복한
걸요."

이런 유의 폭로는 소화해내기 힘들다. 그녀는 사건을 아
무렇지 않게 여기려고 노력했지만 그건 분명 유의미하고 중
요한 일이었다. 하지만 나는 왠지 그 사건이 모든 걸 해결해
줄 거라고, 그 사건이 유일한 해답이자 숨겨진 미스터리이며
더 이상의 설명은 필요하지 않다고 믿고 싶은 유혹에 맞서야
할 것만 같았다. 분명 그보다 더 복잡한 뭔가 있을 테니까. 나
는 주저하며 다시 입을 열었다.

"정말 극복했어요?"

"네." 그녀가 힘줘 말했다. "한동안은 자해를 하기도 했어
요. 칼로 몸을 그었죠." 그녀는 자신의 가슴을 가리켰다. "많
이 심했어요. 하지만 이제는 제 잘못이 아니었다는 걸 알아
요. 그러니까, 죄책감을 가질 필요가 없다는 걸 말이에요. 남

152

자를 아예 안 만나기로 한 것도 아니고요…. 다만 제 삶을 더 넓은 시야로 보게 됐어요. 제가 겪은 일은 전쟁 당시 다른 이들, 특히 여자들이 감당해야 했던 일에 비하면 아무것도 아니에요. 음식, 쉴 곳, 사랑… 사람들은 그런 걸 당연하게… 여기는데… 음, 그럴 순 없죠. 그래서도 안 되고요.”

나는 어떻게 대답해야 할지 고민했다. “근데 당신이 그렇게 스스로 거부해버리면 아무도 당신에게 그런 걸 주지 못하잖아요.”

“아뇨. 제 말을 제대로 이해하지 못하셨네요. 전 다른 사람들이랑 달라요. 정말로 그런 것들이 필요하지 않다고요.”

과연 사실일까? 적어도 케이틀린은 한결같긴 했다. 그녀는 먹는 것을 즐기지 않고 행복해지기를 바라지 않았으며, 이런 점은 그녀에게 자신이 다른 사람들과 다른 존재, 어쩌면 더 우수한 존재라는 느낌을 줬을 것이다.

또 시간이 다 됐다. 마치기 전에 나는 그녀에게 먹는 건 어떠냐고 물었다. 견과류는 괜찮았다고, 그녀가 답했다.

“그럼 사과를 꿀에 살짝 찍어 먹어보는 건 어때요?”

“욱!” 그녀가 있는 대로 인상을 쓰며 말했다. “시도는 해볼게요.”

역겨움*disgust*의 감정은 오염을 피하려는 데서 비롯된다.[12] 이 말은 맛에 관한 프랑스어 'dégoût', 라틴어 'gustare'와 관련 있으며, 영어의 'distaste(혐오감)'와 비슷한 의미를 갖는다. 전형적인 역겨움의 경험은 사람이나 동물의 배설물을 먹는 것이다. 그 말만으로도 사람들은 특유의 입을 꾹 다문 표정을 짓거나, 혀와 아랫입술을 내밀어 입안의 내용물을 뱉어내고 코를 막거나, 심한 경우에는 구토를 하며 '역겹다'는 반응을 보인다. 역겨워하는 표정을 보면 맛과 관련된 뇌 영역이 활성화된다. 하지만 역겨움의 감정이 흥미로운 이유는 그 밖에 더 많은 일들을 일으키기 때문이다. 단적으로 말하면, 모든 체액이나 물질은 역겨움의 반응을 이끌어낼 수 있다. 입으로 집어넣는 것뿐만 아니라 다른 접촉도 그렇다. 게다가 몸에 넣는 행동은 성적 행위까지 포함돼, 이 역시 긍정적이고 에로틱하거나 부정적이고 혐오감을 주는 강력한 반응을 이끌어내게 된다. 사실 역겨움은 문화 전반에 스며드는 수많은 금기와 의식─종교적인 음식 규정, 청소 의식, 성관계와 월경에 관한 규칙 등─을 만들어낸다는 점에서 아주 특별하다고 할 수 있다. 전염을 막기 위해 이용됐던 것이 사람들 간의 경계를 규정하는 장치로 발전해온 것이다. 다시 말해, 우리는 일가친척 및 사랑하는 이의 배설물이나 분비물을 참아줄 의향이 있으며, 그보다 넓은 사회 집단의 생각과 가치를 (비록 체액은 아니더라도) 기꺼이 공유한다. 우리는 흔히 역겹다는 말로 도덕적 분노를 표현하기도 한다. 심리학 실험 결과, 사람들은 요강에 든 주스를 맛보라고 했을 때 아무리 사용한 적 없는 새 요강이라도 움찔하는 반응을 보였으며, 나치 제복과 같은 물건에 대해서도 그와 비슷하게 혐오적인 신체 반응을 보였다.[13]

정신병 증상 중에는 역겨움에 기인했다고 볼 수 있는 것이 있다. 강박 장애의 핵심에는 오염에 대한 두려움이 있어서 강박적인 씻기와 '더러움' 회피로 이어진다. 섭식 장애 역시 이와 같은 특징을 갖고 있다.[14] 주된 동기는 칼로리를 회피하는 것일지 모르지만, 많은 사람들이 레어로 익힌 스테이크의 줄줄 흘러내리는 피와 지방을 떠올리며 구역질을 하곤 한다. 뿐만 아니라 체중 증가에 대한 회피 욕구와 환경에 대한 염려 때문에 식습관 문제를 겪는 사람들이 점차 늘어나고 있다. 건강에 대한 이와 같은 염려가 먹는 것에 대한 건강하지 못한 집착—생산지, 깨끗한 정도, 영양가, 알레르기 유발 가능성 등—으로 바뀌는 시점이 언제인지 갈수록 불분명해지고 있다. 이런 새로운 현상을 설명하기 위해 오소렉시아('올바른' 먹기)라는 신조어도 생겼다.[15]

다음 두 차례의 만남은 전과 다름없이 진행됐다. 우리에게 할애된 시간에 케이틀린은 자신의 연구와 책이 어떻게 돼

가고 있는지 알려줬으며, 마지막에는 그녀가 매일 무엇을 먹는지에 대한 검토로 마무리됐다. 확실히 체중이 늘고 있었던 그녀는 체중이 늘수록 오히려 올바른 음식을 먹어야 한다고 신경 쓰는 일이 줄었다고 말했다. 그녀는 검정색과 카키색이 아닌 다른 색깔의 옷을 입기 시작했고, 병원까지 5킬로미터를 걸어오는 대신에 버스를 타기 시작했다. 다만 그녀의 태도는 여전히 무심했으며 감정적으로도 냉정했다. 이 모든 것을 '비정형 섭식 장애'의 탓으로 돌리는 것보다 더 나은 방법은 없을까? 물론 우리가 처음 만났을 때 케이틀린은 생리학적으로 역효과를 일으키는 매우 제한된 식습관을 갖고 있었다. 그녀의 옷차림과 태도는 스스로를 볼품없고 불만족스럽게 생각한다는 점을 반영한다는 데서 그녀의 신체상에 문제가 있음을 암시했었다. 이제 그녀는 자신의 몸을 보다 편안하게 느끼는 듯했다. 우울증에 대해 말하자면, 그녀는 무쾌감증 그 이상의 것에 걸려 있었다. 인생의 궁극적인 목적이 행복의 추구가 아니다 보니 먹는 것을 낙으로 삼는 이유를 이해하지 못했다. 세계 대전 당시의 유럽에 대해 조사하다가 알아낸 무서운 일 때문에 부담감을 느낀 그녀는 어떻게든 희생자들을 기려야겠다고 생각했다. 내 눈에는 그녀가 섭식 장애에 시달리는 환자라기보다 인류의 죄를 짊어진, 바르고 단순한 삶을 추구하고 아무것도 바라지 않는 진정한 고행자로 보이기 시작했다. 그리고 이런 면에 있어서는 그녀를 존경할 수밖에 없었다.

일부 학자들은 중세의 성인(聖人), 즉 '성스러운 거식증'이라는 이름하에 자기 부정과 자학을 행했던 여성의 삶에서 신경성 식욕 부진의 초기 징후를 찾아볼 수 있다고 주장한다.[16] 그러나 케이틀린의 자기 부정에는 과장된 면이 전혀 없었다. 그것은 현대사와 현대적인 삶, 즉 도덕 관념이 없는 현재와 부도덕했던 과거에 대한 그녀의 분석에서 비롯된 일종의 도덕적 선택이었다.

정신 건강 의학과 의사들은 도덕적 판단을 내리지 않도록 주의해야 하지만 이는 불가능에 가까운 일이다. 과체중 또는 비만 인구는 아무리 빠른 속도로 수가 늘어나더라도 지구상에서 가장 욕을 많이 먹는 집단에 속한다. 신경성 식욕 부진이 있는 사람 중 일부는 솔직한 마음으로는 살찐 사람들을 진심으로 경멸하고 그들에게 온갖 나쁜 특징―예를 들어, 게으르다, 냄새난다, 무기력하다, 나태하다, 욕심이 많다 등―을 갖다 붙인다. 섭식 장애를 가진 사람들이 신체에 대해 맹비난을 받아야 할 1순위를 자기 자신이라고 생각한다는 점을 감안하더라도 이런 사고방식은 비판받아 마땅할 터다. 깡마른 패션모델을 고용하는 게 젊은이들의 외모에 대한 인식을 왜곡시킬 수 있다는 점에서 비난을 사는 것처럼, 섭식의 쾌락과 항상성 공방은 유혹적이고 사악한 문구와 '나쁘진 않은'이라는 슬로건이 담긴 식품 광고에 의해 암암리에 이용당하고 있다.[17]

나는 계속해서 더 큰 그림을 찾고 있었다. 케이틀린의 장애는 정말 그녀가 선택한 생활 방식일까, 아니면 그녀는 자신을 우스타샤의 여성 피해자와 동일시한 걸까? 그녀가 당한 성폭행은 어떤가? 인생의 중요한 시기에 아버지를 여읜 일과 그것이 어머니에게 미친 파급 효과, 또 그런 어머니를 등한시했다는 죄책감 등 그녀의 가족사도 잊어서는 안 될 부분이었다. 그녀가 하는 연구의 주제들이 나무랄 데 없고, 보살핌과 보호를 제공해야 할 의무가 있는 기관에 관한 것이라는 점 역시 특이할 만했다. 그러나 전쟁의 참화 속에서 보기 드문 선의 원천이자, 정신 분석학자라면 '좋은 가슴(영국의 정신 분석학자 멜라니 클라인은 인간은 유아기에 어머니의 젖을 통해 자아를 형성해가며 이 시기에 젖을 먹지 못하거나 어머니가 부재한 경우 상실을 경험하게 되는데 이로 인해 우울증이 생길 수 있다고 했다 – 옮긴이)'의 극치라고 했을 만한 교회와 적십자 모두 끔찍하게 부패했었음이 밝혀졌다. 과연 이 모든 원인을 하나의 결과로 종합할 수 있을까?

나는 그녀와의 대화 시간을 즐거운 마음으로 기다렸고 배운 것도 많았지만, 동시에 그녀를 병원에서 해방시켜줄 때가 왔다고 생각했다. 그녀 역시 같은 생각이었다(그녀는 이전부터 그런 생각을 해온 모양이었다).

"그래서 결론은 뭔가요?" 그녀는 강사처럼 물었다.

나는 그녀가 살아온 환경과 그 밖에 몇 가지 경험 때문에 맛있는 음식 먹기처럼 다른 사람들은 지극히 당연하게 여기는 행복의 경험을 스스로가 즐길 자격이 없는 것으로 생각하는 듯싶다고 말했다. 그녀의 기준에 잘된 일이 없기 때문에. 나는 그녀의 논문과 역사 연구에 대한 정신 역학적 해석을 내놓은 뒤 역사의 포로가 될 것인지, 아니면 자신만의 역사를 써나갈 것인지, 하는 문제는 그녀에게 달렸다는 말로 마무리했다.

잠시 시간이 흐른 뒤 그녀는 내 설명이 '흥미로웠다'고, 또 내 말에 일리가 있다고 답했다. 사실 그녀에게는 나에게 들려줄 새로운 소식이 있었다. 그녀가 처음으로 '정식' 연애를 시작한 것이다. 상대는 그녀보다 나이가 훨씬 많은 이혼남으로 그녀가 속한 과의 학과장이었다. 대학 내에서는 충분히 빈축을 살 만한 일이었다.

"선생님 말씀처럼 선한 것의 부패를 보여주는 또 다른 예죠. 아무튼 도움 주셔서 고맙습니다."

이 말과 함께 그녀는 작별을 고했다.

나는 이상하리만치 허무했다. 숙련도와 상관없이 자신의 해석이 대단한 발견("네. 맞아요! 다 해결됐어요. 전에는 왜 그걸 몰랐을까요?")이 되리라고 기대하는 사람은 없다. 오히려 나는 최고의 해석은 사고(思考)의 동요를 일으키는 것이라고 생각한다. 옳은 것을 증명하는 게 아니라 문제를 보는 새로운 방법을 제시하는 게 중요하다(대개 완전히 옳은 것은 없으므로). 그런데 그런 상냥한 무관심을 받다니….

환자가 나아진 건 좋은 일이었지만 내 역량 밖의 일을 감행해선 안 됐다. 정신 분석학자 흉내를 내선 안 되는 거였다. 나는 정신 건강 의학과 의사이니까. 잘하면 영양사도 되고.

그로부터 1년 정도 지났을 때 케이틀린이 갑자기 연락해서 만날 수 있는지 물었다. 나는 당연히 괜찮다고 대답했지만 최악의 상황이 우려됐다. 환한 얼굴로 뛰다시피 들어온 그녀는 그리 깔끔해 보이지 않았다. "제 남편 프랜시스와 같이 왔어요." 그녀가 말했다. 프랜시스는 수줍게 걸어 들어왔다. 머리가 벗겨지고 살짝 과체중인 그는 구깃구깃한 정장 차림이었다. 그에게서 차분함과 관대함이 물씬 풍겼다. 그가 나와 악수하며 말했다. "말씀 많이 들었습니다." 어찌나 쑥스럽던지.

"아, 참!" 케이틀린이 다시 나가 유모차를 끌고 들어오며 말을 이어갔다. "그리고 우리 아기 매튜예요."

chapter 6 .

조용한 음악
silent music

이원론적인 생각은 전혀 도움이 되지 않습니다

몸과 마음은 하나이니까요

으스스한 곳이었다. 6개의 침상이 놓인, 인공 조명을 받아 새하얗고 작은 독립 병동이었다. 오락가락 움직이는 파형을 보여주는 녹색 LED 화면에서 주기적으로 삐 소리가 났다. 풀먹인 유니폼을 입은 직원들은 클립보드를 손에 든 채 메모를 하고 조용조용하게 말했다. 봉제 인형, 벽에 붙어 있는 확대된 컬러 사진(젊은이들의 우스꽝스러운 표정을 담은 셀카, 번지 점프를 하는 모습, 21개의 초가 꽂힌 축하 케이크).

그곳은 지속 식물 상태나 최소 의식 상태에 빠진 사람들이 있는 병동이었다. 이들은 모두 '치명적 뇌손상'을 겪었다(이 전문 용어만큼은 완곡어가 아니라 있는 그대로 표현된 말이다). 젊은이들의 경우 대부분 이러한 참사의 원인은 '트럭 대 사람' 또는 '자동차 대 자전거'로 의학 노트에 짧게 기술되곤 하는, 교통사고 같은 외상성으로 인한 것이다. 가끔은 뇌가 바이러스에 감염되는 뇌염 사례도 있다. 뇌출혈이나 뇌종양(그리고 과도한 신경외과 수술)은 나이와 상관없이 원인으로 작용할 수 있다. 또 다른 주요 원인은 심정지, (아마도 목을 매는 자살 시도에 따른) 질식, 물에 빠짐, 또는 (당뇨 환자에게 인슐린을 과다 투여할 경우에 발생하는) 오래 지속된 저혈당증 같은 대사 장애에 따른 뇌의 무산소증(산소 결핍증)이다. 때에 따라서는 근본적

인 생화학적 과정에 영향을 주거나 뇌 조직을 악화시키는 유
전적 질환 같은 보기 드문 원인이 한꺼번에 작용하기도 한다.

나는 조현병이 있는 42세 환자 말릭에 대한 상담을 해주
고 있었다. 그는 최근에 3층 건물에서 떨어졌거나 또는 뛰어
내려서 머리를 심하게 다쳤다. 혼수상태에서 깨어나기 시작
한 그는 가끔씩 소리를 지르고 급식 튜브를 잡아당기는 등 고
통스러운 듯한 행동을 보였다. 그는 유지 요법으로 항정신병
약을 투여받고 있었으나 의료진은 치료를 지속해야 하는지
확신하지 못했다. 치료 유지 여부는 정신 건강 의학과 의사
가 자주 받기도 하고 응당 적절한 질문이지만, 임상 실험에
의한 믿을 만한 지침이 거의 없는 상태다. 말릭은 정말 '고통
스러운' 걸까, 아니면 그저 거슬리는 생명 유지 장치에 그의
몸이 반사적으로 반응하는 걸까? 그가 의식을 회복하면서
조현병(또는 그에게 있을지 모르는 자살 충동)이 다시 효력을 발휘
하는 걸까? 답을 하기란 불가능했다. 문 앞을 서성이던 그의
나이 든 어머니가 내 눈길을 사로잡았다.

"선생님, 저희 아들 괜찮을까요?"

그녀는 남아시아 억양이 살짝 섞인 세련된 말투로 물었다.
공손하되 직접적인, 많이 배운 태가 나는 사람이었다. 나는 회

피하는 것처럼 들린다는 걸 알면서도, 내가 임상팀이 아니라서 그 질문에 답하기에 적절하지 않은 입장이라고 설명했다.

"정신 건강 의학과 의사 아니신가요?"

"맞습니다. 하지만···."

"아시다시피 말릭은 젊었을 때부터 수년간 정신 건강 문제를 겪었어요···. 오랫동안 약과 주사에 의지해왔죠."

"네. 그렇죠. 제 생각에 환자분은 다시 이전의 치료법으로 돌아가야 할 수도 있습니다···. 도움이 되리라 확신하긴 힘들고, 또 어쩌면 오히려 정신이 돌아오는 데 방해가 될지도 모르지만요. 아시겠지만 환자분과 같은 상황에서 무엇이 최선인지는 저희도 잘 알지 못합니다···."

"이해합니다. 제가 궁금한 건 그저, 혹시나··· 바보 같은 소리로 들릴지도 모르지만, 혹시나, 말릭이, 그러니까··· 전보다 나아졌을 수도 있을까요? 조현병을 고치는 뇌 수술, 그러니까 뇌엽 절제술 같은 것도 있으니까 어쩌면 그 사고가 뇌의 나쁜 부분, 그 미친 부분을 손상시켜서 이제는 말릭이 나아졌을 수도 있잖아요. 컴퓨터 전원을 껐다가 다시 켜는 것처럼 말이에요. 그러면 해결될 때도 있잖아요!"

예상하지 못한 질문이었다. 아마도 가엾은 어머니의 절박함이 치명적 뇌손상도 긍정적인 면을 가질 수 있다고 믿게 만든 게 아닐까.

병동을 떠나는데 나의 주의를 끄는 게 하나 더 있었다. 10대

후반, 아니면 20대 초반으로 보이는 젊은 여성이 맨 끝 침상에 똑바로 누운 채 양팔을 이불 위로 쭉 뻗고 눈꺼풀을 깜빡거렸다. 스탠드에는 하얀 액체가 든 주사 주머니가 매달려 있었고, 그것은 얇은 관을 통해 그녀의 배와 연결됐다. 한 수련의가 그녀 옆에서 그녀를 굽어보고 있었다.

"에마, 에마, 괜찮아요?"

대답이 없었다. 눈꺼풀의 깜빡거림이 몇 초간 멈췄다가 다시 시작됐다.

"에마… 에마?"

역시나 무반응. 의사는 엄지와 검지로 환자의 눈꺼풀을 이마 쪽으로 살짝 당겨 눈을 뜨게 했다. 그러자 환자의 눈동자가 위쪽으로 굴러가더니 하얀 공막(鞏膜)이 드러났다. 벨 현상이라 부르는 이것은 사람이 눈을 감을 때 나타나는 일반적인 반사 반응이다. 이 반응은 그녀가 적극적으로 눈을 뜨지 않으려 저항하고 있다는 것을 보여주며, 겉보기와는 다르게 의식이 완전히 깨어 있음을 강력히 시사하는 것이다. 의사는 어깨를 으쓱하고는 에마의 눈을 쓸어내려 다시 감게 한 다음 돌아서서 가려고 했다. 나는 그를 손짓해 불렀다.

"저 환자는 무슨 문제가 있나요?" 내가 속삭였다.

의사는 고개를 가로저었다. "아무도 몰라요."

나중에 나는 고문 의사에게 전화를 걸었다. 우리는 말릭의 약물 치료에 대해 논의하고 계획을 세웠다. 전화기를 내려놓

168

기 전에 에마에 대해 묻지 않을 수 없었다. 고문 의사는 신경과나 정신 건강 의학과가 아닌 재활 의학과 전문의라 에마의 상태가 당황스럽다고 시인했다.

"사실 선생님이나 선생님 동료분들이 에마를 좀 봐줬으면, 하는 생각뿐이었어요." 그녀가 말했다. "하지만 에마는 지금 소송 중이에요. 에마 아버지가 딸이 더 이상 연구 대상이 되길 원치 않으시거든요. 에마네 아버지는 연구가 딸의 상태를 악화시킬 뿐이라고 생각하지만 지역 당국은 동의하지 않아서 판사의 판결을 기다리는 중이에요."

심한 뇌의 손상이나 파괴는 사망까지 이르지 않더라도 혼수상태를 유발할 수 있다. 이는 깨울 수 없는 무반응 상태를 말한다. 돌보미가 아무리 노력해도 환자는 눈을 뜨지 않으며 '자신이나 주변 환경을 인식하고 있다는 증거가 보이지 않는다'. 혼수상태에서 완전히 깨어 있는 상태에 이르기까지 단계별로 일컫는 용어가 다르다. 맨 아래 단계는 식물 상태로, 소위 식물성 기능—혈액 순환, 호흡, 소화—이 평상시대로, 말하자면 다른 이상과 관계없이 진행되는 단계다. 이 상태에 있는 사람은 눈을 뜨지 않으며 때로는 일종의 수면 각성 주기를 겪고 있는 것처럼 보인다. 그러나 그 사람의 얼마나 많은 부분이 실제로 거기에 있는지는 확실히 알 수 없다. 재현 가능하고 의도적인 그 어떤 행동도 하지 않기 때문이다. 그들은 (반사성 경련 외에는) 큰 소리, 번쩍이는 불빛, 꼬집기, 찌르기 등의 감각 자극에 반응하지 않는다. 언어를 이해하거나 표현하는 기미가 전혀 없기 때문에 앞서 언급했던 치명적인 문장을 되풀이하자면, 자신이나 주변 환경을 인식하고 있다는 증거가 보이지 않는다. 영국에서는 이러한 상태가 1달 이상 계속되면 지속적, 6개월 이상(외상성 뇌손상에 따른 경우에는 1년 이상) 계속되면 영구적이라고 부른다. 일부는 이와 같은 상태에서 벗어나 다음 단계인 최소 의식 상태로 가게 되는데, 비록 횟수가 드물고 일관적이지도 않지만 이 단계의 상태는 의도적인 행동으로 정의되며 감각 자극에 대한 반응, 인식의 표현, 또는 아주 기초적인 상호 소통 등이 해당된다. 그다음 단계에서는 좀 더 일관적이지만 여전히 극히 제한된 행동을 보인다. 즉, 다른 사람의 제안에 따라 물건을 손으로 집고, 간단한 명령을 수행하고, 익숙한 얼굴이나 소리를 인지해 기쁨이나 고통을 표현하고, 몇 마디 말이나 문장을 더듬더듬 말하기도 한다. 이는 중증 장애의 영역에 속한다. 이와 같은 단계에 대한 진단은 그 상황을 초래한 원인에 대한 정보가 보완된 조건하에서 수일 혹은 수 주에 걸친 철저하고도 반복적인 평가를 통해서만 이뤄져야 한다.

지속 식물 상태인지, 최소 의식 상태인지를 정하려면 모든 감각 양상을 조사해야 하고, 또 이러한 상태가 반복돼야 하므로 단순한 검사만으로 해결될 문제는 아니지만, 보통은 이들을 반드시 소생시키겠다는 의지를 바탕으로 폭넓은 분석 및 엑스레이 촬영을 실시하게 된다.[2]

이러한 검사는 뇌에 발생한 광범위한 파괴를 확인할 수 있게 한다. 때로는 끔찍한 사건을 겪고 나서 수년이 지난 뒤에 최후의 심판 같은 부검을 실시함으로써 뇌 파괴의 양상을 가까이서 관찰하기도 한다. 뇌에 어떤 타격, 출혈, 폐색이 있든지 간에 외상을 입은 이후 백질 전체에 걸쳐 신경 섬유가 여기저기 끊어지는 '미만성 축삭 손상'이 나타난다는 공통된 특징을 보인다. 특히 뇌의 중앙 깊숙한 곳에 있는 주요 중계소인 시상은 거의 예외 없이 손상돼 있다. 의식이 거의 또는 아예 없는 이유는 이 때문인 경우가 많다. 그 아래에 있는, 기본적이고 '기계적인' 식물성 기능을 담당하는 뇌간에는 손상의 징후가 덜 나타난다(그렇지 않으면 그 사람은 살아남지 못했을 것이다).[3]

지속 식물 상태, 최소 의식 상태와 잔인할 정도로 꼭 닮은 것이 있으니 바로 '감금 증후군(락트인 증후군)'이다. 이 사람들은 눈을 깜박이거나 눈을 뜬 채 눈동자를 위아래로 움직이는 것 외에는 말을 하거나 움직일 수 없다. 이들의 의식은 완전히 깨어 있으며, 아주 힘들긴 하지만 눈 동작을 통해 외부 세계와 소통한다. 이러한 소통을 다룬 기적과도 같은 자서전 격인 사례가 많다. 그중에서 가장 유명한 사례는 프랑스 기자 출신인 장 도미니크 보비의 《잠수종과 나비》일 것이다.[4] 감금 증후군은 뇌의 더 높은 부분에서 내려진 명령을 몸 전체로 전달하는, 뇌간의 윗부분 앞쪽에 있는 배쪽 뇌교의 신경 섬유 줄기가 매우 정밀한 혈전이나 출혈에 의해 절단됨으로써 손상되는 경우에 발생한다. 눈을 위아래로 움직이게 하는 근육과 이어진 섬유는 그 지점보다 약간 위에 위치한 윗줄기에 있기 때문에 살아남지만, 그 아래에 있는 모든 것은 연결이 끊겨버린다. 몸에서 뇌로 전해지는 정보와 특수 감각—시각, 청각, 후각, 미각—은 다른 경로로 전달되므로 역시 영향을 받지 않는다.

감금 증후군을 지속 식물 상태로 오진하는 것은 생각만 해도 끔찍한 일이며, 최소 의식 상태를 지속 식물 상태로 오진하는 것 역시 별반 다르지 않다. 그런데도 지속 식물 상태의 오진율은 40%나 되는 것으로 추정된다.[5] 이는 주로 실명(失明) 같은 주된 감각의 결핍이 평가를 복잡하게 하거나, 의식이 있음을 나타내는 행동이 감지하기 힘들 정도로 순식간에 이뤄지기 때문이다. 하지만 안타깝게도 정반대로 아무 뜻 없는 신음이나 찡그림에 심오한 의미 부여를 할 때도 있다. 사랑하는 사람, 돌보미, 또 가끔은 전문 의료진이 빈약한 구실로나마 의식적인 의도가 있었다고 추측하는 것을 그 누가 비난할 수 있을까? 캐나다의 신경 심리학자 에이드리언 오언

연구팀은 fMRI 스캔을 이용해 특정 과제와 관련된 뇌 영역
의 미세한 혈류 변화를 잡아냄으로써 뇌의 활동을 보여주는
연구를 진행했다. 연구 대상은 교통사고로 식물 상태에 빠진
23세 여성이었다.

식물 상태에 놓인 지 5개월째 연구팀은 그 여성에게 테니
스 치는 상상을 하라고 했을 때는 보조 운동 영역(뇌 앞부분에
있는 운동을 계획하는 영역)의 활동을, 집 근처를 걷는 상상을 하
라고 했을 때는 해마 곁 이랑(익숙한 환경에 대한 지도를 만들고
저장하는 것으로 여겨지는 영역)의 활동을 감지할 수 있었다.[6] 이
는 그녀가 유의미한 소통을 하기에 충분한 의식적 인식을 갖
고 있음을 증명함으로써 일련의 질문에 대한 긍정적 또는 부
정적 대답의 근거를 제공했다. 인간은 본능적으로 대화나 질
의응답을 이용해 상대방의 생각, 신념 등을 추정하며 이를 위
해서는 의식적인 인식이 필요하다는 사실을 대부분의 사람
들은 당연하게 받아들인다. 그럼에도 철학자나 AI 컴퓨터 공
학자 들은 이런 주제에 대해 수없이 의문을 던져왔다. 튜링
테스트가 그 대표적인 예다.[7] 활동 중인 뇌의 사진을 찍기 위
해 MRI 스캐너를 이용하는 것은 번거로운 데다 매우 복잡한
하드웨어와 소프트웨어가 필요한 일이지만, 이를 통해 발견
된 내용을 간단한 임상 실험으로 바꾸기 위한 연구가 끊임없
이 진행 중이다.

에마가 갑자기 그런 상태가 된 건 아니었다. 그녀는 긴 쇠락의 길을 걸었다. 외동인 그녀는 어머니 미란다가 수차례의 힘든 유산 끝에 낳았기에 더욱 귀중한 딸이었다. 그녀는 생후 몇 주간을 신생아 중환자실에서 보낸 연약한 미숙아였고, 아마도 이런 상황 때문에 그녀를 더욱 보호가 필요한 존재로 보는 부모님의 견해가 강해지며 부모-자녀 상호 작용의 패턴이 형성됐을 것이다. 그럼에도 그녀는 정상적으로 성장했고 일반 학교에 다녔다. 학업 성적은 전체적으로 평균보다 약간 웃돌았고 한정적이나마 교우 관계를 맺었지만 게임을 할 때는 서툴고 실력이 형편없었다. 학년이 올라감에 따라 그녀의 부모님은 종종 학교 관계자들과 갈등을 빚게 됐다. 최초의 충돌은 그녀를 '행위 상실증'으로 평가받게 하는 과정에서 발생했다. 에마의 부모님은 에마의 서투름을 설명하며 에마가 치료적 도움과 (필기를 잘 못했기 때문에) 시험을 치를 때 추가 시간이 필요하다고 주장했다.

초등학교에서 중등학교로 진학하는 시기가 에마에게는 특히 힘들었다. '상급 학교'에 겁을 먹은 에마는 두통, 구토감, 피로감을 호소하며 양호실에서 보건 교사와 머무르는 경우가 잦았다. 집에서도 상황은 좋지 않았다. 예술가였던 그녀의 어머니는 아시람(힌두교도가 머물며 수행하는 곳 - 옮긴이)에 들어가기 위해 집을 나가기로 했다. 다시 말해, 에마의 부모님이 별거를 결정했던 것이다. 정부 고위 공무원이었던 에마의 아버지 찰스는 아내가 이른바 평범한 주부 역할을 해주기를 바라면서도 딸의 등하교부터 학부모 상담, 숙제 봐주는 일까지 간섭했다. 미란다는 찰스를 점점 더 융통성이 없는 사람으로 생각하게 됐다. 그러면서 아이가 학교에서 과도한 압박을 받고 있으며 이것이 창의력을 둔화시키는 근본 원인이라고 여겼다. 설상가상으로 찰스는 공격형 림프종이라는 심각한 건강 문제까지 갖고 있었다. 수술과 항암 치료를 했지만 이미 암이 골수와 폐로 전이돼 예후가 좋지 않다는 진단을 받았다. 여러 선택지를 고려해보던 찰스는 현 단계에서는 또다시 항암 치료를 시도하더라도 성공 확률이 낮다는 사실을 깨닫고는 더 이상의 치료를 거부함으로써 담당 의사의 입장을 매우 난처하게 했다. 그로부터 10년이 가까운 세월이 흘렀고 그는 여전히 잘 지내고 있었다. 그는 식습관을 바꾸고, 이성(理性)을 신봉하는 성격과 어울리지 않게 과할 정도로 약초 치료제에 관심을 가졌다. 이런 약초 요법이 기적적인 치유 효과를 불러올 거라고 기대하는 건 아니었으나 의료 당국과 전통적인 의학 치료에 대한 믿음이 약해져 있었기 때문이다. 그가 보기에 의사라고 모든 걸 다 아는 것 같진 않았다.

그 사이 에마의 건강은 악화일로를 걷고 있었다. 그녀는 가끔은 쓰러질 것 같고 또 가끔은 피곤하다며 대놓고 등교를 거부하기도 했다. 체육 수업은 이미 면제를 받았던 터라 찰스는 학교 폭력 같은 보다 심층적인 문제가 있는 건 아닌가 생각했지만 그에 대한 증거를 전혀 찾아볼 수 없었다. 상황은 계속 나빠지기만 했다. 그는 수차례 딸을 지역 보건의에게 데려갔지만 이상 소견은 없었다. 해당 의사와는 에마가 태어났을 때부터 알고 지낸 사이였다. 에마네 가족은 의사로서 헌신적인 그녀를 매우 신뢰했다. 심지어 그녀는 에마네로 가정 방문을 가서 집 안 환경에 별다른 문제가 없다는 사실까지 확인했다. 의사는 에마가 정상적으로 성장하고 있다고 말했다. 그녀는 에마에게 선열(림프선이 붓는 감염성 질환 - 옮긴이) 검사를 비롯한 몇 차례의 혈액 검사도 실시했다. 선열 검사 결과는 양성이었으나 이는 단순히 에마가 에마 또래의 90%에 해당하는 다른 아이들처럼 특정 바이러스에 접촉했다는 사실을 의미할 뿐이었다. 지역 보건의는 에마가 괜찮아질 거라고 믿으면서도 에마가 처한 상황을 매우 안쓰럽게 여겼다. 어린 소녀가 엄마 없이 사춘기를 보낸다는 것, 게다가 아빠마저 자신의 곁을 떠나지는 않을까 걱정하며 산다는 것은 쉽지 않은 일이었으니까.

찰스는 지역 보건의의 이와 같은 설명을 자신이 딸을 그렇게 만든 장본인으로 지목된 것으로 받아들였다. 그는 에마의 담임 교사와 상의하는 시간만큼이나 보건 교사와도 자주 상의했다. 보건 교사는 어떤 패턴이 있다고 말했다. 오전 시간에는 에마의 상태가 괜찮다가 점심시간 직후에 체력이 급격히 소진돼서 집에 돌려보낼 수밖에 없다는 것이었다. 그러면서 만성 피로 증후군이나 근육통성 뇌척수염일지도 모르겠다는 말도 덧붙였다.

찰스는 인터넷을 검색해봤다. 그리고 자료의 방대함에 놀라고 큰 충격을 받았다. 말도 안 되는 것—최신 식이 요법, 알레르기, 근본 치료를 제안하는 자칭 '전문가들'에 관한 것—도 있었지만 대부분은 사실 같아 보였다. 이른바 자기 계발 전문가들이 환자에게 던지는 메시지는 다음과 같이 명확했다. "뭘 하려고 애쓰지 마라. 그럴수록 상황은 더 악화될 뿐이다. 각자에게 맞는 페이스를 지켜라. 어린아이의 경우, 홈스쿨링이 가능하다면 그렇게 해라. 대부분의 의사들은 '최선이 무엇인지 알지' 못한다. 그들은 대체로 무지하고, 만성 피로를 질환이 아니며 마음먹기에 달려 있다고, 그저 '정신 건강 의학적'인 것이라고 간주한다."

심한 장애가 생겨서 몸져눕고 관으로 영양을 공급받는 사람들을 보여주는 블로그도 차고 넘쳤다.

찰스는 적극적으로 나서기로 결심했다. 그는 몇몇 국회 의원을 알 만큼 연줄이 든든했고, 관료 사회의 생리에 대해서도 잘 알았다. 그는 공교육에 대한 보다 나은 지원 및 유연한 학교 운영, 보다 전인적인 국민 보건 서비스 차원의 치료, 공감을 바탕으로 하는 복지 시스템을 위한 운동을 벌이기 시작했다. 그가 보기에 에마의 상태는 점점 악화되기만 했고, 특히 학교가 에마에게 다른 건강한 아이들처럼 수업에 참여하도록 강요할수록 상태가 더욱 나빠지는 것 같았다. 그녀는 점점 더 움츠러들었다. 커튼을 치고 외부 소리를 차단하기 위해 헤드폰을 낀 채로 자신의 방에서만 보내는 시간이 늘어갔고, 화장실에 갈 때만 밖으로 나오곤 했다. 에마는 이 이상으로 움직이면 어지러워했고 기운이 다 빠져버렸다. 찰스는 에마와 대화를 시도했다. 아무리 봐도 에마가 우울증인 것 같진 않았다. 그녀는 '정상'이고 싶어 했지만 근육통성 뇌척수염이 방해가 됐다. 지역 보건의는 에마에게 정신 건강 의학과에 가보는 게 어떤지 제안했으나 그녀는 거절했다. 대신 찰스는 에마를 만성 피로 증후군을 전문으로 하는 개인 병원에 입원시켰다. 저축한 돈을 다 써야 할 만큼 거금이 들었지만 분명 그만한 가치가 있으리라는 확신이 있었다. 병원에서는 에마의 문제를 진지하게 다뤘다. 이 병원 역시 다수의 피 검사를 통해 면역에 어떤 이상이 있음을 알아냈으나 특정한 질환이나 병증이 아닌 탓에 적정한 치료를 할 수는 없었다. 다만 병원은 에마가 스스로 목표를 설정할 수 있도록 해줬다. 뿐만 아니라 심리 상담 치료 시 휠체어를 이용할 수 있게 도와줬으며, 내키지 않아 하면 심리 상담 치료를 강행하지 않았다.

1년이 지났다. 에마는 A 레벨 시험을 포기해야 했다. 그녀는 침대에서 거의 일어나지 않았고 몇 마디 말만 해도 심한 피로감을 느끼며 잠에 빠져들었다. 찰스가 댈 수 있는 치료비도 바닥나고 있었다. 병원에서는 엇갈린 메시지를 내놨다. 에마는 호전되지 않는 25%의 환자군에 포함되거나, 아니면 스스로가 호전을 원하지 않는 것일 수도 있다고 말이다. 과연 이런 걸 정신 건강 의학과적 질환이라고 할 수 있을까? 찰스는 분노의 감정을 억눌렀다. 그는 에마를 집에 데려가기로 마음먹었다. 그는 전문 돌보미, 방문 간호사, 특수 침대며 환자용 리프트 등 필요한 도움을 얻기 위해 싸웠다. 아르바이트도 하고 필요한 경우에는 딸을 직접 돌봤다. 이 무렵 의견 대립은 팽팽해질 대로 팽팽해졌다. 지역 보건의는 병원의 접근법에 전혀 동의하지 않았고, 에마의 어지럼증은 원인이라기보다 침대에 너무 오래 누워 있어서 생긴 결과라는 의견을 냈다. 의사는 에마의 근육량 부족을 지적하며 힘이 없다고 느끼는 게 당연하다고 말했다. 그러면서 근육량을 점진적으로 늘려야 하며, 단기적으로는 이런 활동으로 더 피곤할 수 있지만 결국에는 회복될 것이니 안심할 필요가 있다고 했다. 의사는 재택 간호 허가를 거부했다. 대신 에마에게 항우울제 복용을 권했다. 학교는 에마가 그간 수업을 많이 빠진 것에 대한 우려를 표명했다. 지역 당국은 '보호 행동' 운운하며 경계 태세를 취했다. 아빠와 딸이 좀 이상할 만큼 가깝지 않아?

찰스는 아래층 거실을 에마의 침실로 바꾸고 집 안 곳곳을 거동이 불편한 에마가 생활하기에 조금이라도 더 편하게 바꿨다. 개인 돌보미도 고용했다. 가끔 에마의 친구들이 오기도 했지만 밤에 나가서 노는 거나 남자 친구, 대학 진학 등에 대한 이야기를 거실이라는 열린 공간에서 나누기 어색했는지 더 이상 찾아오지 않았다. 에마는 밤이면 베개에 얼굴을 파묻고 흐느낄 때가 많았다. 지역 환자 지지 단체만이 찰스가 유일하게 의지할 수 있는 외부인들로, 그가 필요로 할 때마다 곁에 있어 줬다.

몇 주 뒤 한밤중에 잠에서 깬 찰스는 침대에서 바닥으로 떨어진 에마를 발견했다. 발작을 한 모양이었다. 그는 구급차를 불렀고 에마는 응급실에 실려 갔다.

병원 응급실에서 혼란스러운 밤을 보내고 나서 에마는 '비간질성 발작'이라는 진단을 받았다. 에마는 입원을 해서 맥박, 혈압, 흉부, 심장, 복부 등 전반적인 건강 검진을 받았고 결과는 모두 정상이었다. 비협조적 환자를 대상으로 하는 신경학적 검사도, 반사 운동도 정상이었다. 다음 날 진행된 뇌파 검사와 뇌 CT도 모두 정상이었다. 심전도 역시 정상이었다. 또다시 한 혈액 검사도 탈수 징후만 빼면 정상으로 나왔다. 하지만 에마는 전혀 정상 같아 보이지 않았다. 계속 아무 반응이 없고 실금(失禁)을 했다. 침대에 반듯하게 누운 에마는 축 늘어진 헝겊 인형이나 다름없었다. 눈은 감겨 있었고 이따금씩 눈꺼풀만 움직일 뿐이었다. 그녀는 아버지와도 말을 하지 않았다. 그녀는 콧속에 관을 넣어 액체와 영양분을 공급받았다. 돌보미들이 그녀를 앉히고 의사소통을 하기 위해 온갖 시도를 해봤지만 소용없었다.

2주가 지났다. 정신 건강 의학과 의료진이 호출됐다. 이들은 병력이라든가 악화된 상태를 고려해 에마를 청소년 정신 병동에 입원시켜야 한다고 말했다. 찰스는 이런 지시가 전적으로 마음에 들지는 않았다. 차라리 의료진이 에마가 만성 피로 증후군이며, 따라서 회복할 시간이 필요하다는 사실을 인정하기를 바랐다.

그런데 며칠 뒤에 느닷없이 소아 청소년 정신 건강 의학과 의사가 찾아왔다. 그는 보호자인 찰스와 환자 본인인 에마와 시간을 보냈고, 지역 보건의 및 간호진과도 이야기를 나눴다. 그러고 나서 희귀 대사 이상과 독소 감염 여부를 알아보기 위한 난해한 검사를 해보자고 제안했다(검사 결과 아무런 이상이 없었다). 그는 이와 같은 사례는 처음 보지만 전반적 거부 증후군이 예상된다고 차트에 기록했다.[8]

1991년 영국의 소아 정신 건강 의학과 의사 브라이언 래스크가 기술한 전반적 거부 증후군 진단을 받은 아이는,[9] 에마의 상태와 비슷하게 시작해 결국 움직이거나 말하는 것을 분명하게 거부하기에 이른다(가끔 가족이나 돌보미가 보지 않을 때 다른 사람들에게 말을 하기도 한다). 이 증상을 가진 아이는 규칙적인 식사를 거부하며, 화장실에 가지 않기도 한다. 단, 에마의 사례와 달리 거부 행위가 더 적극적이어서 크게 화를 내거나 심한 공격성도 보인다. 이 아이들은 누가 가까이 다가오면 돌아눕거나 몸을 둥그렇게 말며 외면해버린다. 그들을 일으키려 하거나 다시 돌아눕게 하려고 시도하면 몸을 반대로 당기며 소리를 지르거나 떼를 쓴다. 이 증후군은 남자아이보다 여자아이에게 더 많다. 보통 중산층 가정의 아이들로 성실하고 때로는 완벽하기까지 하며, 부모 둘 다 혹은 하나와 감성적으로 '휘말려 있다'. 전반적 거부 증후군은 스트레스나 신체 질환이 원인이 돼 발생할 수 있다. 통상적으로는 입원 치료를 하며, 환자의 체중이 계속해서 줄고 있는 경우에는 특히 더 그렇다. 뿐만 아니라 부모와 아이 사이에 거리를 두기 위해서라도 입원 치료를 권고한다. 아이를 부드럽게 격려하며 아이의 공포와 걱정을 알아가는 단계적 과정 및 신체 기능 회복 훈련은 효과적이나 수개월의 시간이 걸린다. 전반적 거부 증후군은 예를 들어, 중증 우울증, 사회 불안, 신경성 식욕 부진, 정신병의 징후, 또는 신체적, 성적 학대 같은 사회 환경에 의해 비롯되는 당연한 반응과 다른 별개의 증후군이라는 점에서 논란이 많다.

안타깝게도 에마는 당시 18살이 다 된 나이였던 데다 학교에 다니는 것도 아니었기 때문에 소아 정신 건강 의학과 병동에서 환자로 받기를 꺼렸다. 그녀는 성인 정신 건강 의학과 병동에서의 치료를 권고받았다. 그렇지만 찰스는 그 어떤 조언도 받아들이지 않았다. 게다가 소아 정신 건강 의학과 의사는 급성기 정신 건강 의학과의 일반 병동은 에마 같은 상태의 환자가 있을 곳이 아님을 인정했다. 한편, 내과 병동에서는 그녀가 '무의탁 장기 입원 환자'나 마찬가지라고 주장했다. 찰스는 단호해지기로 마음먹었다. 발작이 유발하는 스트레스와 효과적인 치료가 없는 현실은 에마에게 끔찍한 경험을 안겨 줬고, 그녀의 상태는 눈에 띄게 악화됐다. 그녀는 검사도 거부했다. 정신 건강 의학과 의사들을 만나는 건 시간 낭비 같았다. 찰스는 그녀를 집에 데려가려고 했다.

병원 의료진, 정신 건강팀, 경호팀, 사회 복지사, 법률 고문이 본격적으로 행동에 나섰다. 에마가 비위관을 코에 꽂은 채 돌봄에 의지하고 있는 상황에서 무계획적으로 집에 보낼 수는 없다고 판단했기 때문이다. 그야말로 교착 상태였다. 이런 상황을 전달받은 변호사들은 에마의 권리, 의사 결정 능력, 최선의 이익, 아버지의 권리, 정신 보건법, 정신 능력법, 에마가 치료를 거부할 권리 및 치료를 받을 권리를 두고 논쟁을 벌였다. 수 주간 이어진 언쟁 끝에, 장기적인 해결 방안을 찾기 전까지의 임시 조치로 '고위험 뇌손상 병동'에 병상이 마련됐다. 그리고 그곳에 내가 가게 됐던 것이다.

몇 개월 뒤 고등 법원의 판사는 에마의 정확한 상태와 그녀를 위한 적절한 치료법을 알아낼 때까지 당분간 신경과 병동에 입원시키라고 판결했다. 이를 위한 조사에 3주의 시간이 걸렸다. 혈액, 소변, 뇌척수액을 비롯해 생각해낼 수 있는 모든 체액을 검사한 결과, 대사 이상, 감염, 면역 장애는 아니었다. 근육 조직 검사도 정상이었다. 또한 MRI 스캔으로 뇌와 척수가 정상적인 모습을 하고 있다는 사실도 확인했다.

뇌파 검사도 이뤄졌다. 이는 뇌에서 일어나는 아주 약한 전기적 활성을 알아보는 검사다. 전압을 감지하는 수십 개의 작은 전선을 두피에 붙임으로써 하나의 뇌 활동 지도 또는 '몽타주'를 만들어내는 것이다. 뇌파 검사는 간질성 발작을 알아내는 확실한 방법으로, 기록상의 전기 활동이 비동시적으로 급증하는 것을 보고 판별할 수 있다. 더불어 의식 및 무의식 상태의 흔적을 알아보는 데에도 아주 유용하다. 일반 사람들은 판독하기 힘든 구불구불한 선들로 이뤄진 휴식 상태의 뇌파는 알아보기 쉬운 특정 주파수를 가진 주파수대로 전자적 분해가 이뤄진다. 알파파는 8~13Hz의 주파수를 갖는 의식 상태의 리듬이다. 이는 뒤통수의 두피에 붙인 전선들에 의해 가장 잘 감지되며, 검사 대상자가 눈을 감고 편안하게 있을 때 가장 뚜렷하게 나타난다. 세타파는 4~8Hz, 델타파는 4Hz 이하의 주파수를 갖는다. 이 느린 주파수는 배경 뇌파일 때 안정적이나, 의식 장애가 있는 경우에는 두드러지게 나타난다. 수면 중 뇌파는 특정 단계와 주파수를 갖지만, 숙면 시에는 의식 상태처럼 뚜렷한 알파파가 없는 느린 주파수대의 진동으로 나타난다. 알파파를 넘어서는 주파수는 보통 병이나 중독을 포함한 약물 효과로 인한 것이다. 지속 식물 상태나 최소 의식 상태에 상응하는 뇌파 패턴은 따로 없다. 이는 뇌손상 부위와 정도에 따라 개인차가 크기 때문이다. 단, 정상에서 크게 벗어나는 게 보통이긴 하다. 혼수상태나 지속 식물 상태에서는 정상적인 알파파 리듬이 있을 수 없다고 알려져 있다.[10] 병원 측은 에마의 눈 떨림을 비롯해 간헐적으로 발생하는 움직임(이것이 간질성 발작이었을 수도 있으므로), 그리고 수면 상태를 포착하기 위해 며칠에 걸쳐 뇌파를 관찰했다. 뇌파에서는 좋은 알파파 리듬이 보였고, 에마가 받은 다른 모든 검사와 마찬가지로 완전히 정상이었다. 이 결과에 따르면, 그녀의 뇌는 건강했고 의식도 있었다.

우리에게는 숨겨둔 검사가 하나 더 있었다. 뇌파 검사의 원리는 유발 전위(각종 자극에 의해 유발되는 중추 신경계의 전위 변화 - 옮긴이)나 사건 관련 전위(특정 감각적, 인지적 자극이나 사건에 대한 반응으로 뇌에서 나타나는 전위 변화 - 옮긴이)를 알아볼 때도 이용될 수 있다. 이 파형들은 자극이 있은 지 100분의 1초 만에 나타난다. 여기서 자극이란 빛의 번쩍임, 귀로 듣는 음, 기타 감각적 사건일 수도 있고, 이보다 더 복잡한 일련의 자극―같은 높이의 음 사이에 다른 음이 섞여 있는 것, 익숙한 혹은 낯선 사람과 장소를 찍은 사진, 글로 쓰였거나 말로 들려준 단어나 문장—일 수도 있다. 이러한 자극들을 여러 번 되풀이해 뇌의 배경 활동에 대비되는 유발 전위 파형의 평균을 찾는다. 자극을 준 지 약 0.15초(150ms) 안에 발생하는 일관적인 파형이나 전위는 초기 감각 인식을 나타낼 뿐 의식적 인식을 의미하지 않는 반면, 0.25초(250ms)가 넘어서 발생하는 것은 어느 정도 복잡한 처리가 이뤄졌음을 의미한다. 따라서 우리가 같은 높이의 음을 연주하다가 다른 음 하나를 연주하면[11] 이 깜짝 음이 난 지 약 0.3초 만에 특유의 양(陽)positive의 파형을 보게 되며, 이는 우리가 피험자에게 기대를 심어준 뒤 속였음을 의미한다. 또 만약 우리가 언뜻 듣기에는 말이 되는 것 같은 문장을 읽어주다가 마지막에 어울리지 않는 단어를 말하면, 이 단어가 시작된 순간으로부터 약 0.4초 만에 음(陰)negative의 전위차를 보게 되며 이는 더 깊고 아마도 더 '신중한' 처리가 이뤄졌음을 의미한다. 의식 밖에서 열심히 움직이는 이 놀라운 신경 처리기가 작용하고 나서 정확히 어느 시점에 의식적인 마음이 등장하는지 알 수 없지만, 이런 뒤늦은 반응은 의식적 인식에 달려 있는 것으로 보인다.[12]

에마에게 밝은 불빛을 비추자 눈을 감은 상태에서도 반응이 나타났다. 이는 적어도 그녀의 뇌가 시각적 자극을 받아들인다는 것을 증명했다. 이어서 청각 영역에도 이에 상응하는 검사를 시행했는데 역시나 결과는 같았다. 여러 가지 영어 단어를 들었을 때의 반응은 단어라고 할 수 없는 단순한 글자의 나열을 들었을 때와 전혀 달랐다. 각 분야의 전문가가 마치 동방 박사처럼 그녀를 찾아와 검사를 한 뒤 소견을 밝혔다. 그 어떤 검사도, 그 어떤 전문가도 그녀의 뇌가 손상됐다는 결론을 내놓지 않았다. 그녀에게 성질이나 원인이 밝혀지지 않은 손상이나 질병이 있어서가 아니었다. 모든 결과가 그녀의 신체와 신경계가 건강함을 보여줬기 때문이다. 그렇다고 한다면 에마는 정신적 장애를 갖고 있는 게 틀림없었다. '현실적인' 의학적 질환과 '비현실적인' 정신 질환으로 양분하는 것은 옳지 않지만, 이는 흔히 전개되는 추리 과정이다. 신경과 팀과 함께 일하는 정신 건강 의학과 의사도 의견을 냈다. 방대한 기록과 진술을 분석한 끝에, 정신 건강 의학과 의사들은 에마가 의학적으로 진단되지 않는 질병에 걸린 게 아니라 정신 질환을 갖고 있다는 결론을 내렸다. 이는 (앞서 경고받은 대로) 전반적 거부 증후군, '우울증적 혼수'로 알려진 보기 드문 형태의 우울증, 또는 긴장증일 수도 있었다.[13] 지난 3개월간 그녀에게 집중 치료를 했음에도 이렇다 할 반응을 보이지 않았던 사실을 고려할 때, 효과를 기대할 만하고 우울증적 혼수와 긴장증 둘 다에 적합한 유일한 개입은 전기 경련 요법이었다.

대부분의 사람들은 잭 니콜슨 주연의 '뻐꾸기 둥지 위로 날아간 새(1975)'와 안젤리나 졸리 주연의 '체인질링(2008)' 같은 영화를 보고 나서 전기 경련 요법에 대해 알게 된다. '뻐 꾸기 둥지 위로 날아간 새'에서는 1950년대 초에 폐지된 '수 정되지 않은' 방식—즉, 전신 마취 없이 실시되는—의 전기 경련 요법이 등장하기에 보는 이에게 더욱 큰 공포를 안겨준 다. 클린트 이스트우드 감독이 1928년의 실화를 바탕으로 제 작한 '체인질링'에서는 정부에 의해 은폐된 납치 사건의 피 해자 아이 어머니(안젤리나 졸리 분)에게 수정되지 않은 전신 경련 요법이 가해진다. 그러나 전기 경련 요법이 생겨난 건 1938년에 이르러서였다. 섀런 패커 박사는 자신의 저서《영 화 속 사악한 정신 의학자들: 칼리가리부터 한니발까지》(국내 미출간)[14]에서 영화 제작자들이 전기 경련 요법이라는 소재에 매료되는 데 대해 가능한 한 논쟁적이지 않게 설명했다. '난 폭한 매질… 번쩍이는 불빛들과 알 수 없는 스위치들이 달린 복잡한 기계 장치… 등 전기 경련 요법 장면은 관객에게 스 크린상에서 뭔가 범상치 않은 일이 벌어지고 있음을 보여준 다.' 이는 간호사가 알약 몇 개와 물이 든 작은 컵을 쟁반에 올 려 주인공에게 건네는 장면과 비교하면 전혀 다른 느낌이다.

1980년 〈영국 정신 건강 의학 저널〉에 발표된 논문에 따 르면, 전기 경련 요법을 받은 166명의 환자 중 82%는 이것 이 치과 치료와 비슷하거나 그보다 덜 불편한 경험이었다고 말했다.[15] 그러다 2003년 서비스 유저 연구자인 다이애나 로

스가 〈영국 의학 저널〉에 메타 분석 결과를 발표했다.[16] 이는 유사한 만족도 조사 결과를 부분적으로나마 유저(즉, 환자)가 계획하고 주도한 것인지, 아니면 의사가 주도한 것인지에 따라 분석한 것이었다. 다이애나 로스팀은 전자의 경우 만족도가 50%에 못 미치는 경향을 보인다는 점을 알아냈다. 다시 말해, 두 연구 사이의 기간에 환자의 태도가 바뀌었거나 질문자가 누구인지가 중요한 역할을 한다는 의미다(둘 다일 가능성이 크지만).

논란이 많은 여러 정신 건강 의학적 치료 가운데에서도 전기 경련 요법은 가장 이론이 많고, 가장 낯선 치료일 것이다.[17] 앞서 언급했듯 전기 경련 요법을 받는 환자는 전신 마취를 받고 근이완제를 맞으며, 보통은 정신 병원 내의 전용 공간에서 치료가 진행된다. 의사는 마취 후 주걱처럼 생긴 전극을 양쪽 관자놀이나 머리 양쪽의 같은 위치에 붙인다. 그런 다음 몇 초간 전류를 흘려보내 간질성 발작을 유도한다. 이때 근육 수축이 최소화되지만 완전히 없어지지 않아서 눈꺼풀 찡그림, 턱 긴장, 눈으로 식별되는 미약한 사지 떨림 등 발작의 신체적 징후가 나타난다. 이런 징후는 10~40초간 지속되다가 진정된다. 1~2분 후 깨어난 환자는 살짝 몽롱하긴 하나 차 한잔 마시면서 휴식을 취하고 병동으로 돌아가거나, 심지어 외래 환자의 경우에는 귀가할 수 있는 정도의 상태가 된다. 전기 경련 요법은 관례상 6회 반복되며 2~4주간 주 2~3회씩 진행된다.

전기 경련 요법은 이를 둘러싼 논란, 그리고 건강상의 위험과 온갖 복잡함을 수반하는 전신 마취의 필요성 때문에 심리 치료와 약물 치료의 효과가 없을 시 시도하는 최후의 수단으로 여겨진다. 이 치료 요법은 탈수나 끊임없는 자살 충동으로 목숨이 정말 위태로운 경우에 고려된다. 그리고 에마의 사례와 비슷한 진단을 받은 경우나, 드물게는 조현병(주로 기분 요소가 크고 약이 들지 않을 때), 또 아주 아주 드물게는 조증에도 이용된다.

그런데 이 전기 경련 요법이 과연 효과가 있을까? 영국에서는 이전의 임상 시험 결과를 종합하려는 시도에 의해 제한적으로나마 '그렇다'는 답을 얻고 있다. 다만 언제나 조심스러운 국립 보건 의료 우수국은 여전히 엄선된 상태와 징후에 해당하는 소수에게만 전기 경련 요법을 시행하도록 지침을 통해 권고한다.[18] 그러나 (초기의 이점이 지속되는지 알아보기 위해) 장기적인 추적 검사까지 포함하는 아주 훌륭한 대규모 연구는 드문 실정이다. 여기에는 많은 원인이 있을 수 있지만, 무엇보다 이 요법에 관련된 환자들이 심각한 상태이거나 생명이 위험한 상황에 처해 있어 무작위 대조 시험을 하는 데 어마어마한 어려움이 따르기 때문이다.[19]

또 하나의 큰 문제는 전기 경련 요법을 쓰는 데 확실한 근거가 부족하다는 점이다. 이 요법은 간질성 발작과 정신병이 양립할 수 없다는 것에 근거를 두고 있는데, 현재 이 가설은

폐기된 거나 다름없다. 문제는 전기 경련 요법의 효과를 위해 생물학적 메커니즘을 개선하는 데 있어 이 요법이 신경 전달 물질의 수준, 뇌 호르몬, 신경 세포 성장 인자, 뇌 대사를 조절 하는 유전자 등에 이른바 무차별적인 영향을 준다는 데 있다. 어쨌든 현재 통용되는 신경 생물학적 이론—이를테면, 항우 울 치료에 이용되는 이론—이 무엇이든 간에, 전기 경련 요법 도 치료법 중 하나에 포함될 수 있다.

모든 효과적인 치료가 그렇듯 이익과 손해 사이에 균형이 필요하다. 전기 경련 요법은 침습적이며, 아무리 잘 통제된 상황에서 이뤄진다 하더라도 발작을 동반하므로 바람직하지 않은 것으로 생각되기 쉽다. 이 요법의 주된 부작용은 기억력 상실이다. 초기 연구들은 이러한 부작용이 대부분 일시적이 고 심하지 않다고 밝혔지만, 다이애나 로스팀은 그 문제가 훨 씬 더 흔하며 가끔은 지속되기도 한다고 했다. 이와 같은 모 순된 견해에 대해 가능한 설명 하나는, 질문을 받은 환자들은 스스로 기억 장애가 있음을 느끼면서도 그것이 심한 우울증 에 흔히 수반되는 기억 손상 때문인지, 아니면 전기 경련 요 법 때문인지 구분하지 못하고 구분할 수도 없다. 전기 경련 요법은 안 그래도 우울증으로 압박을 받고 있는 기억 체계를 한층 더 고갈시키긴 하지만, 이런 현상은 일시적이라고 생각 하는 편이 바람직하다.

에마의 모든 검사 결과와 신경과 의료진들이 내린 결론

은 다시 법원으로 보내졌다. 판사는 심의를 거쳐 정신 건강 의학과 의사가 제안한 치료 계획을 진행하도록 명령했다. 더불어 전기 경련 요법을 진행하되, 에마처럼 요구 사항이 많은 환자를 다룰 수 있는 신뢰할 만한 정신 병원에서 실시돼야 한다고 했다.

우리 병동에서 일하는 가나 출신 간호 조무사 크리스티아나는 늘 쾌활했다. 그녀는 물병, 플란넬 커버, 소독제, 수건을 실은 카트를 덜컹이며 병원 복도를 따라 이 방, 저 방을 다녔다. 그녀는 노란색과 주황색이 섞인 밝은 꽃무늬 머릿수건과 대비되는 새파란 일회용 장갑을 낀 채 에마의 '개인 돌봄', 즉 목욕 시키기, '구강 위생' 돕기, 소변 주머니 교체하기 등의 일을 했다. 그런 다음 그녀와 동행한 간호사가 에마의 체온, 맥박, 혈압을 쟀다. 어느 날 아침 에마를 찾아간 나는 우연히 이 작업 과정을 보게 됐다. 이 루틴은 창턱에 놓인 라디오에서 요란하게 흘러나오는 음악 소리에 맞춰 진행됐기에 흡사 신나는 춤처럼 보이기도 했다. 에마는 두 눈을 뜬 채 앞을 똑바로 보고 수동적으로 누워 있었다. 나는 그녀가 자신의 몸 밑으로 일회용 시트를 깔 수 있도록 한쪽으로 살짝 돌아누웠다가 다시 바로 눕고, 겨드랑이를 닦아야 하는 순간에는 미세하

게나마 팔을 들어 올리는 등 몸을 씻고 말리는 일에 협조하는
것 같은 움직임을 눈치챘다.

"자, 잠자는 숲속의 공주님, 무도회의 최고 미녀가 돼야
죠." 그들은 에마의 머리를 빗겨주며 농담을 했다.

크리스티아나는 좋아하는 노래가 나오자 라디오의 볼륨
을 높이고 노래를 따라 불렀다. "댄싱 퀸, 윈돌린으로 세수를
하세요(아바의 '댄싱 퀸' 가사를 개사한 것이다 - 옮긴이)."

이때 에마의 얼굴에 싱긋 웃는 표정이 스쳤다. 나는 그녀
가 미소를 지었다고 확신했다.

"입 크게 벌려 봐요, 레이디 가가." 크리스티아나가 말했다.

에마는 보일 듯 말 듯하게 입술을 벌려 크리스티아나가 이
를 닦을 수 있도록 했다. 처음 입원해서 통제된 검사를 받았
던 때와 얼마나 다른 모습이었는지! 당시 에마는 아무리 해
보라고 해도 입을 벌리거나 다물지 않았고, 눈과 손을 움직이
는 것도 마찬가지였다. 입이 헤벌어져 있을 때도 있었다. 그
녀의 혀 위에 물을 몇 방울 떨어뜨리면 몇 초간 그대로 있다
가 결국 입가로 흘러내리곤 했다. 그렇다고 그녀가 (신체에서
하루 종일 나오는) 침을 질질 흘린 건 아니었다. 이는 치명적인
뇌손상으로 방어적 구역질과 삼킴 반사가 이뤄지지 않아 끊
임없이 턱을 닦아줘야 하는 환자들과 달랐다.

찰스는 정기적으로 딸의 병문안을 왔다. 의료진과의 상호 작용에 있어서는 여전히 예민했다. 그는 진행되고 있는 모든 일들에 대해 질문을 늘어놨다. 이럴 때마다 의료진은 흡사 감시를 당하는 기분이었다. 그는 치료팀—작업 치료사, 물리 치료사, 병동 심리학자—의 노력이 잘못됐다는 확신을 갖고 있었다. 치료팀은 지속적인 거부를 보이는 아이들에게 권고되는 접근법에 따라 어떠한 요구 없이(요구는 저항을 불러일으킬 수 있으므로) 부드러운 격려와 칭찬으로 에마를 대했다. 그러나 찰스는 자신이 알아낸 정보를 바탕으로, 이조차 에마에게 '과부하'가 돼서 병을 더욱 오래가게 할 수 있으니 그 어떤 만성적 진행도 운명으로 받아들여야 한다고 믿었다. 그는 저녁 시간에 찾아와서 침대 곁에 앉아 에마의 손을 쓰다듬었다. 조명도 어둡게 하고 텔레비전도 꺼둔 채로. 그는 에마에게 말을 걸지 않았다. 외려 그녀에게 말을 하려고 애쓸 필요가 없다고 생각했다.

치료 계획을 논의하기 위해 마련된 우리의 첫 만남은 그리 순조롭지 않았다.

"이렇게 시간을 내주셔서 고맙습니다." 찰스는 형식적인 예의를 갖춰 말했다.

그는 퇴근하자마자 병원에 왔다. 가는 세로줄무늬가 있는 회색 정장에 흰 셔츠와 넥타이 차림이었다. 나는 현재 상황을 요약해서 알려줬다. 판사는 에마를 위해 그녀를 우리 의료진의 손에 맡기라고 찰스를 설득했다. 나는 에마가 당장은 의사 소통이 불가능하므로 자신의 치료에 대한 결정을 내릴 능력이 없는 것으로 간주된다고 설명했다. 하지만 나는 그 치료가 정신 능력법상 허용된 것처럼 에마의 최선의 이익을 위해 진행되기보다는 정신 보건법에 따라 이뤄져야 한다는 의견이었다. 나는 정신 보건법상 전기 경련 요법은 보다 많은 단계의 독립적인 조사가 요구되는 등 특별한 지위를 갖고 있으며 에마의 이익 보호에 도움이 될 거라고 말했다.

"딸의 상태를 어떻게 보십니까?" 내가 중립적으로 물었다.

"이런 상황에서 예상할 수 있는 딱 그 정도요."

그는 우리가 내린 잠정적 진단이 뭔지 물었다. 나는 이전의 정신 건강 의학과 의사가 전기 경련 요법을 추천하는 근거로 든 목록을 훑어봤으며, 벤조디아제핀 근육 주사, 긴장증에 권고되는 다른 치료법, 항우울제와 수많은 물리 치료를 비롯한 모든 것을 시도하고, 에마가 속마음을 털어놓을 수 있도록 노력했지만 다 소용없었다고 설명했다.

나는 우리가 놓치고 있는 신경학적 기저 질환 같은 건 확실히 없다고도 했다. 그러면서 에마는 주위에서 일어나는 일들을 인식하고 있으며 자발적으로 행동할 능력이 있지만 그걸 숨기려고 애쓰는 중이라고 말했다. 그 이유는 그녀만이 알 터였다.

"그럼 에마가 연기를 하고 있다는 건가요?"

"아뇨. 그런 뜻이 아닙니다. 제 생각에 에마는 어떤 심각한 정신적 장애 때문에 지금 같은 상태에 놓이게 됐지만 신체적으로 말을 못 할 이유는 없다고 봅니다. 중요한 건 이렇게 이원론적인 생각은 전혀 도움이 되지 않는다는 사실입니다. 몸과 마음은 하나이니까요."

"그래서 애한테 충격을 줘서 깨어나게 하겠다는 거군요." 나는 잠자코 듣고 있었다. "선생님의 모든 경험과 철학적 지식을 통틀어 에마 같은 환자를 치료해보신 적이 있나요?"

"뭐, 아주 똑같은 사례는 없었지만…."

"그런데도 그렇게 아무렇지 않게 우리 애를 실험용 쥐처럼 이용하겠다는 겁니까?" 찰스의 얼굴이 붉게 달아올랐다. "상태가 더 악화되지 않을 거라고 어떻게 장담하실 건데요?"

"악화요? 지금보다 더 악화될 수는 있을까요? 에마는 식물인간이 된 사람들, 엄청난 뇌손상을 입은 사람들과 한 병동에서 그들과 같은 취급을 받고 있어요. 다만 그 사람들은 아무런 선택권이 없죠. 네. 저는 우울증성 혼수나 긴장증에 걸린 사람들이 전기 경련 요법을 받아 '깨어나고' 완전히 회복되는 사례를 봐왔습니다. 에마에게도 그런 기회를 줘야 하지 않겠어요?"

"그 많은 우여곡절을 겪고도 제가 제 딸한테 최선인 치료법을 바라지 않는다고 생각하세요? 어떻게 감히!"

그는 칼라를 느슨하게 풀었다. 그의 목에는 림프종에 걸렸을 때 림프절을 제거하며 생긴 것으로 보이는 흉터가 있었다. 그건 마치 나를 꾸짖는 것 같았다.

그는 이내 마음을 가라앉혔다. "다른 사람들은 몰라도 선생님은 스트레스가 굉장히 해롭고 몸에 물리적인 영향을 미칠 수 있다는 걸 아셔야 하잖아요."

나는 우리가 동의하는 부분이 있다는 사실에 감사해하며 고개를 끄덕였다.

"바이러스가 신경계에 도사리고 있다가 스트레스 때문에 재활성화될 수 있다는 걸 아실 겁니다. 입술 포진을 유발하는 단순 헤르페스바이러스와 어렸을 때 수두로 나타났다가 후에 면역 체계가 제 역할을 못하면 대상 포진을 일으키는 대상 포진 바이러스처럼요."

"네." 내가 말했다. "그런데 그게 무슨 상관인지…."

"에마한테는 엡스타인-바 바이러스 때문에 생기는 선열이 있었어요…. 그것도 일종의 헤르페스바이러스 아닌가요? 애의 상태가 그것 때문이 아니라는 걸 어떻게 아시죠?"

그러니까 그는 지금 일종의 자신만의 가설에 대해 설명하고 있는 것이었다.

"인터넷에서 자세히 찾아보신 건 압니다. 바이러스 감염 가능성은 여러 가지 검사를 통해 다 제외됐으니 안심하시고…."

"그게 아니라고요? 그럼 선생님 같은 의사들은 바이러스 감염과 뇌에 대해서 모르는 게 없다는 말씀이세요?"

"아뇨. 그런 뜻이 아니라⋯."

"그럼 죄송한데 절 가르치려 들지 마세요."

"감염이나 면역 장애의 문제였다면 이미 발견됐을 거라고 장담할 수 있습니다. 제 말은 아버님이 구글에서 찾을 수 있는 걸 저희가 못 찾았겠느냐는 겁니다. 저뿐만 아니라 유능하고 사려 깊은 여러 의사들도 시도했는걸요. 하지만 어쨌든 의사들이 알지 못하는 종류의 뇌염이라고 하더라도 스캔이나 요추 천자(뇌척수액을 주삿바늘로 뽑아내는 것 - 옮긴이)를 통해 밝혀졌거나 뇌파에 영향을 주지 않았을까요? 에마가 가끔씩, 특히 직접적으로 이렇게 해봐라, 저렇게 해봐라 하는 지시를 받지 않았을 때 의식을 보이는 건 어떻게 설명하죠? 아버님도 분명히 보셨을 겁니다. 그건 뭔가 다른 종류의 장애를 가리키는 건데⋯."

"그러니까 이게 다 정신적인 원인 때문이다, 하는 말씀이신가요? 에마가 발작을 일으켜서 응급실에 갔던 밤에 제가 뭘 봤는지 말씀드리죠. 병원 사람들이 에마를 휠체어에 태워서 곧장 심폐 소생 구역으로 데리고 가더군요. 전 너무나 무서웠습니다. 저는⋯ 그러니까 전 애가 죽을 거라고 생각했다고요. 에마는 몸을 좌우로 비틀었어요. 그 동작이 몇 번 있고 나서 더 빨라지더라고요. 애가 팔에 힘을 주고 주먹으로 매트리스 위를 좌우로, 위아래로 쿵쿵 쳤어요. 이 동작은 1~2분쯤

잠잠해졌다가는 곧바로 더 강하게 나타났어요. 의료진이 에마한테 산소 호흡기를 씌웠어요. 의사가 주사를 갖고 왔어요. 그러고는 에마의 왼쪽 팔에 벨크로 압박대를 둘러 휙 잡아당기더니 혈관을 찾기 시작하더군요. 애가 몸을 덜덜 떨면서 오른손으로 압박대를 뜯고 더욱 격하게 몸부림을 쳤어요. 그때 의사가 뭐라고 했는지 아세요? '아, 이렇게 나오시겠다?' 무슨 게임하는 것처럼요. 그 의사가 뒤로 물러서서 에마를 빤히 보더라고요. 그러더니 산소 마스크를 벗겼어요. 에마가 눈을 깜빡거리면서 머리를 좌우로 흔들었어요. 의사가 우리 애의 턱을 붙잡아서 못 움직이게 했어요. 애가 눈을 뜨고 의사를 보니까 누군가로부터 손전등을 넘겨받아서 애 눈에다 비추더니 자기 얼굴을 애 얼굴 바로 앞까지 들이밀었어요. 에마가 손전등을 치우라는 듯 탁 쳤어요. 그랬더니 의사가 이러더군요. '하지 마, 에마. 이건 간질 발작이 아니란다. 내 말 다 들리는 거 알아. 그러니까 정신 좀 차려봐…. 당장!' 에마의 움직임이 줄어들었어요. 다리가 자전거를 타는 것처럼 움직이긴 했지만 팔은 가만히 있었죠. '훨씬 낫네.' 의사가 우쭐해하더라고요. 몇 분이 지났어요. 애 상태가 여전히 이상하다고 생각하고 있는데, 애가 날카로운 비명을 지르더니 다시 매트리스를 치며 발작을 하기 시작했어요. 의사가 양손을 들어 올리며 소리쳤어요. '알았다, 알았어. 정신 건강 의학과 의사 불러!' 그러더니 휙 돌아서서 화를 내며 가버리더군요. 밤새 그런 일이 벌어졌다고요."

"정말 끔찍하군요." 나는 찰스의 설명이 비간질성 발작 또는 '해리성 발작'의 모든 주요 특징을 압축해서 보여줬다고 생각하며 대꾸했다.

"무슨 일이 일어나고 있는 건지 아무도 나에게 말해주지 않았고, 아무런 설명도 없었어요. 어떤 간호사들은 친절하게 에마가 물도 몇 모금 마실 수 있게 해주고, 괜찮아질 거라고 말해줬지만요. 그 이후 우리 딸은 삼키고 말하는 능력을 잃어버렸어요. 우리는 하릴없이 몇 시간을 기다렸죠. 수간호사한테 무슨 일이냐고 묻자 밤사이에 에마를 입원시킬 테지만 일단은 기다려야 한다고 했어요. '오늘 밤은 유난히 아픈 환자들이 많아서.' 그가 말했죠. 그리고 드디어 에마가 병동으로 가는 차례가 됐을 때 그 사람들이 핫초코를 갖다주기에 애 혼자서는 마실 수 없다고 했더니 정말 목이 마르면 마실 거라고 말하더군요. 그때 전 애를 집에 데려가기로 결심했습니다."

나는 진심으로 찰스가 안쓰러웠고 그의 관점에서 상황을 보게 됐다.

"그런 대우를 받으신 건 정말 안타깝습니다." 내가 말했다. "용납할 수 없는 일입니다. 정신병에는 뿌리 깊은 오명이 따라붙고, 심지어 다른 과 의사들도 그렇게 여기는 것 같아요. 우리는 에마가 왜 이런 상태에 있는지 잘은 모르지만, 어쩌면

하드웨어적인 문제라기보다는 소프트웨어적인 문제로 생각해봐야 할 수도 있습니다. 그리고 이건 분명 실재하는, 생명을 위협할 정도로 심각한 문제입니다."

그는 납득하지 못했다.

"다음에는 전기 경련 요법이 컴퓨터를 껐다 켜는 것과 똑같다고 말씀하시겠군요."

자리에서 일어나 넥타이를 고쳐 맨 그는 나와 악수를 나눈 뒤 자리를 떴다.

모든 관련 전문가들을 불러 에마의 사례를 보여주고 의견을 듣기까지 시간이 좀 걸렸다. 그들은 하나같이 당황했다. '뭔가 놓쳤을 수도 있으니' 검사를 다시 해봐야 한다는 사람들도 있었고 자신의 판단에 상당한 자신감을 보이는 사람들도 있었으나, 전기 경련 요법이 어느 정도 성공 가능성이 있으며 위험하지 않을 것이라는 점에서는 만장일치를 보였다. 에마가 질문에 대답을 하거나 스스로 질문을 하는 경우는 단 한 번도 없었다. 한 전문가는 그녀에게 대놓고 전기 경련 요법을 받기 싫으면 지금 알려달라고, 그러면 더 이상 진행하지 않을 거라고 말했다. 그녀가 아무도 없을 때 뭔가를 쓰고 싶어 할지도 모르므로 우리는 그녀의 침대 옆에 펜과 종이를 준비해뒀다. 나는 여러 차례 그녀의 침대 곁에 앉아 긴 '대화'를 통해 내 생각을 들려줬다. 그녀의 마음속에서 어떤 일이 일어나고 있는지 몰라도 아주 절박할 거라고, 1년이 넘도록 침묵하고 있었으니 이제 와 사람들과 소통하는 게 당연히 힘들 거라고, 또 아버지를 실망시키지 않으면서 스스로 결정을 내리고 싶은 마음 때문에 더 큰 갈등을 느낄 거라고. 에마에게 첫 전기 경련 요법을 시술하기로 한 바로 전날 나는 그녀에게 겁이 날 수도 있겠지만 그것이 이 상황… 이 덫에서 벗어날 방법을 찾는 데 분명 도움이 되리라 생각한다고 말했다. 잠시 뒤 그녀의 눈꺼풀이 움직이기 시작했고 그녀의 몸이 떨렸다. 나는 그 움직임을 불안감에 대한 확인으로 여기겠다고 말하고, 진짜 속마음을 알 수 있게 무슨 말이라도, 아무 말이라도 해달라고 부탁했다. 떨림은 더 심해졌다. 나는 그녀의 팔에 손을 얹었다. 그러자 떨림이 가라앉았다. 나는 분명 그녀가 속마음을 털어놓을 어머니가 곁에 안 계셔서 아쉬워하고 있을 거라고 말했다. 그때 에마의 눈에 눈물이 맺힌 것처럼 보였는데, 단지 내 상상일 뿐이었을까? 나는 혹시 그녀가 입을 열까 봐 1시간 가까이 그대로 앉아 있었다. 하지만 그런 일은 없었다.

나는 에마를 따라 전기 경련 요법 시술실로 갔다. 침대에 실려 온 그녀를 미끄러지지 않게 뒤로 기울인 대형 의자에 묶었다. 이 과정은 순조롭게 진행됐다. 마취의는 에마가 '좋은 발작'을 일으켰다고 말했다. 일부 환자, 특히 긴장증이 있는 환자는 첫 시술 후 반응을 보이는 경우가 더러 있다. 그리고 이걸로 모든 문제가 해결되기도 한다. 단, 과연 그것이 전신 마취나 전기 경련 요법에 대한 생리적 반응인지, 아니면 이 극적인 사건에 대한 심리적 반응인지 구분하는 건 어렵다.

의료진은 회복실에서 에마의 활력 징후를 체크하고 서서히 그녀를 깨웠다. 나는 그들에게 에마가 말을 하지 않는다고 미리 알려줬다. 에마는 여전히 가만히 누워 있었지만 숨소리가 점차 편안해졌다. 그녀의 눈이 살짝 떨리는가 싶더니 떠졌다. 그녀는 앞만 바라봤다.

"에마, 괜찮아요?" 간호사가 그녀의 눈앞에다 대고 손을 흔들며 말했다. 그러고는 마치 그녀의 눈을 톡 칠 것처럼 행동했다.

에마는 눈을 깜박였지만 눈길을 돌리지는 않았다.

"다 끝났어요. 정말 잘했어요. 밖에 아버지가 와 계세요. 몇 분 뒤에 병동에서 만날 수 있을 거예요."

에마는 아무런 반응도 보이지 않았다. 다음 번에도, 그다음 번에도, 그리고 또 그다음 번에도. 전기 경련 요법을 6회 진행해보고 그래도 상태가 좋아지지 않으면 그만두기로 합의가 돼 있었다.

5번째 시술도 이전과 별반 다르지 않게 진행됐다. 주요 우울증의 경우에는 주로 처음 4번째나 5번째 시술 이후에 효과가 나타난다. 나는 시술실과 회복실을 서성거렸다. 마취에서 깨어난 에마가 기침을 하자 폐에서 나온 분비물이 배출됐다. 간호사는 환자 운반 카트의 머리 부분을 세워 에마가 일어나 앉을 수 있게 해줬다. 그녀는 눈을 뜨고 나와 눈을 맞췄다. 마치 전기 충격이 그녀를 거쳐 나에게로 전달되는 기분이었다.

"에마, 정신이 들어요?" 몹시 놀란 내가 물었다.

"여기가 어디죠? 오늘이 며칠이에요?" 에마는 껵껵거리듯 말하더니 다시 기침을 하기 시작했다.

간호사가 컵에 담긴 물을 건네자 에마가 두 손으로 받아들고 입술 쪽으로 들어 올렸다. 그녀는 물을 꿀꺽꿀꺽 마시고는 몸을 곧추세워 앉았다. 나와 간호사는 서로를 쳐다봤다. 우리 둘 다 눈이 휘둥그레졌다. 가슴이 쿵쾅거렸다.

"그러니까… 당신은 방금 전기 경련 요법 시술을 받았어요. 오늘은 수요일이고…. 당신은 깨어났죠. 기분이 어때요?" 그녀가 방 안을 둘러봤다.

"아무튼 제 이름은…."

"네. 누구신지 알아요. 선생님은 제 반응이 지속되지 않으리란 걸 아시겠죠."

"왜 지속되지 않죠?"

"이건 그저 선생님이 저한테 받게 한 스트레스 때문에 생긴 맞섬 도피 반응일 뿐이니까요. 이것 때문에 제 몸속의 바이러스가 다시 살아나서 결국엔 더 안 좋아지고 말 거예요."

익숙한 이야기였다.

"하지만 지금 당신은 말을 하고, 움직이고, 물을 삼킬 수 있잖아요. 굉장하지 않아요?"

"네. 하지만 이건 진짜 내가 아닌 것 같아요. 그리고 어쨌든 전 대가를 치르게 될 거라고요." 그녀는 등을 구부려 한 손을 엉덩이에 갖다 대며 고통스러운 듯 신음했다.

"그래도 대화를 나눌 수 있어서 좋네요." 내가 조심스럽게 말했다.

"저도요."

"몸이 뻣뻣하고 약해진 느낌이 드는 건 당연해요. 1년이 넘게 똑바로 누워만 있었는걸요! 당신이 몸속에 신경계를 못 살게 구는 바이러스가 있고, 지금 너무 많은 에너지를 소모하면 몸이 더 안 좋아질 거라고 걱정하는 것도 이해해요. 하지만 다르게 생각해보면 어떨까요? 그 바이러스는 이미 오래전에 몸에서 싹 사라졌고, 이제 당신은 서서히 움직이면서 몸과 다시 소통을 시작하면 된다고요."

"말도 안 돼요!"

"한번 생각해봐요."

간호사가 끼어들었다. "병동으로 돌아가서 얘기 계속하세요. 에마, 우리는 금요일에 다시 만나요."

에마는 미소를 지으며 우아하게 손을 흔들었다.

그녀는 다리가 후들거려서 제대로 설 수 없었지만 스스로 일반 휠체어에 가 앉았다. 병동에서 처음으로 에마를 맞이한 사람은 청소부 유니폼을 완벽히 갖춰 입은 크리스티아나였다. 그녀는 믿지 못하겠다는 듯 재차 에마를 쳐다봤다. "오, 하나님, 맙소사." 그녀가 일회용 장갑과 앞치마를 벗어던지고 가슴 쪽으로 에마를 끌어당기는 바람에 에마는 숨이 막혀 보였다. 크리스티아나는 기쁨에 겨워 흐느껴 울었다. 그러더니 두 손으로 에마의 얼굴을 감싸며 말했다. "지금 네 모습을 봐. 얼마나 예쁜지. 하나님, 감사합니다."

병원 직원이 근무 중인 찰스에게 전화를 걸었다. 그는 1번째 시술 이후로 굳이 자기가 올 필요가 없다고 생각했다. "빨리 병원으로 오세요!" 직원이 말했다. "뭐가 잘못돼서가 아니라. 그냥 빨리 오세요." 나는 진료 후 다시 병동으로 돌아가 에마의 병실에 머리를 불쑥 들이밀었다. 그녀는 침대에 앉은 채 아버지와 함께 사진첩을 넘기며 조용히 담소를 나누고 초콜릿을 먹었다. 찰스는 방금 아내와 연락이 됐으나 올 수 없다고 말했다고, 나에게 전했다. 상황은 생각보다 감성적이었다 (그는 딸의 손을 꼭 잡았다). 찰스는 자신과 에마 둘 다 피곤하다고, 특히 에마는 휴식이 필요하다고 했다.

다음 날 나는 에마가 잠을 잘 잤다는 보고를 받았다. 아침에 그녀는 침대에서 아침 식사로 요거트를 먹었다. 찰스가 병원에 잠시 다녀갔다. 에마는 병원 직원과 치료팀에게 말을 했다. 깜짝 놀란 그들이 서둘러 그녀의 활동이 늘어난 데에 따른 새로운 재활 프로그램을 구상하되, 재발에 대한 두려움과 '모 아니면 도' 식의 순환을 피하는 것에 대한 논의의 여지를 남겨뒀다. 하지만 에마는 혼자 있게 해달라고 말했고 결국 하루가 지나 전처럼 아무 대답도 하지 않는 상태로 빠져드는 듯싶었다. 나는 풀이 죽은 채 진료실로 돌아왔지만 우리가 옳은 길을 걷고 있다는 걸 알았다. 나는 메일을 확인했다. 찰스로부터 메일 1통이 와 있었다. 그가 나에게 메일을 보낸 건 처음 있는 일이었다. 내용은 간단했다. 어젯밤에 에마가 더 이상 전기 경련 요법을 받고 싶지 않다고 말했으니 치료를 중단해야 한다는 것이었다.

동료들에게 조언을 구한 끝에, 이튿날 아침 나는 찰스에게 답장을 썼다. 에마는 나나 다른 직원들에게는 아무런 반대 의사를 표현한 적이 없었고 오늘은 그녀와 소통이 불가능하다고, 그 치료는 법적으로 허가된 것이니 계속해야만 한다고, 그리고 그에게 그날 저녁에 만나서 다시 논의를 해보자고 했다.

그날은 금요일이었고, 6회 차 전기 경련 요법 시술을 하는 날이었다. 시술은 전과 다름없이 진행됐다. 에마는 이번에도 기적적으로 깨어났고, 정신이 돌아오자마자 다른 사람과 눈을 맞췄으며, 적극적으로 토론에 임했다. 나는 시술실에서 치료팀 직원 일부를 포섭해 그녀의 변화를 관찰하고 질문하도록 했다.

"또 이렇게 됐네요." 에마가 먼저 말문을 열었다.

"그래요. 우선 당신이 아버지한테 더 이상의 시술을 원하지 않는다고 한 게 사실인가요?"

"아무 소용없을 거라고 했어요. 그저 스트레스 반응일 뿐이라고요."

"근데 그것과는 달라요."

"하시고 싶은 대로 하세요. 제 마음대로 되는 게 아닌걸요. 저한테는 통제권이 없잖아요."

한 직원이 나섰다. "에마, 잘 들어요. 정말로 시술을 중단하길 원한다면 지금 말해줘요. 단, 이유는 있어야 해요."

"이런 논의가 다 무슨 의미가 있죠? 자유 의지 같은 건 없다는 걸 모르세요? 우린 그냥 기계일 뿐이라고요. 절 좀 눕혀주세요." 그녀가 미소를 지으며 고개를 돌리더니 눈을 감았다.

얼마 뒤 물리 치료사, 작업 치료사와 나는 에마를 보러 갔다. 그녀는 양쪽에서 붙들어주면 몇 걸음 걸을 수 있게 됐고, 이는 또 하나의 대단한 사건이었다. 치료사들은 일어서기, 씻기, 먹기, 용변 가리기 등의 목표에 대해 합의를 볼 수 있길 바랐다. 그들은 긴 대화를 나눴지만, 대부분은 그녀가 그런 활동들이 자신의 신체 건강에 악영향을 미칠 것이므로 할 수 없다며 이유를 대는 시간이었다. 그들은 겨우 그녀가 무엇을 선호하는지 알아낼 수 있었다. 차에 우유를 넣지 않기, 낮 시간에 텔레비전 앞에 앉혀놓지 않기, 치료사들이 '불쑥 쳐들어오지' 않고 정해진 시간에 오기, 아버지한테 그녀의 옷과 머리빗 같은 소지품을 갖다달라고 하기, 라디오를 틀 경우 라디오 2(듣기 편한 음악) 말고 라디오 4(뉴스와 시사)를 틀기. 나는 그녀가 말을 할 수 없는 상태일 때에도 우리가 계속 말을 걸어도 되는지 물었다. 그녀는 그래도 상관없다고 어정쩡하게 대답했다. 그런데 라디오 2가 아니라면 그녀는 어떤 음악을 좋아할까?

"조용한 음악이요."

찰스는 에마를 만나고 나서 면회실로 왔다. 그는 창백하고 핼쑥해 보였다.

"에마는 어떤가요?" 내가 물었다.

"괜찮습니다. 오늘 미팅을 많이 했다기에 힘들게 하고 싶지 않더군요."

"아버님은 에마가 전기 경련 요법을 받지 않길 바라시고, 아무도 에마에게 말을 걸지 않기를…."

"제가 바란 게 아니라 에마 본인이 바란 겁니다."

나는 심란한 마음을 가라앉혔다. "3달쯤 에마를 알고 지낸 간호 조무사인 크리스티아나를 보고 불현듯 이런 생각이 스치더군요. 수요일에 에마를 본 그녀는 말 그대로 눈물범벅이 됐죠. 반면에 아버님은 에마의 아빠면서 1년 만에 처음으로 딸이 말을 할 수 있게 해준 치료를 멈춰야 한다며 퉁명스러운 메일을 보내셨어요. 아버님은 그게… 좀 이상하다고 보지 않으시나요?"

"뭐, 퉁명스럽게 느끼셨다면 사과드립니다. 딸에게 최선이라고 생각하시는 일을 해주고 계신 데 대해 선생님과 여기 직원분들께 감사하고 있어요. 정말입니다…. 저는 이 상황이 계속되지 않을 수도 있다는 불안 때문에 우리 딸과의 모든 순간을 소중하게 생각하고 있어요."

우리는 잠시 서로를 빤히 응시했다.

"아무튼 당분간 전 병원에 오지 못할 겁니다. 입원해서 몇 가지 검사를 받아야 하거든요. 부디 심각한 게 아니길 바라야죠."

나는 검사 잘 받으라며 그를 배웅했다.

우리는 6회분 전기 경련 요법의 2차 시술 허가를 신청해 승인을 받았다. 그러고 나서 어떤 패턴이 나타났다. 시술이 시작되기 전에 에마는 항상 약간 몸을 떨긴 했지만 조용하고 아무런 반응을 하지 않았다. 효과도 똑같았다. 그녀는 전신 마취에서 깨어나자마자 눈을 맞추고 대화를 시작했다(비록 때로는 말이 너무 축약적이라서 알아듣기 힘들었지만 말이다). 그러나 그 효과의 지속 시간은 점점 더 짧아졌다.

8번째 시술은 평소와 달랐다. 그날은 다른 마취의가 왔다. 정맥 마취제가 투여된 뒤 그녀의 심장 박동 수가 치솟고 몸이 벌겋게 달아오르는 바람에 시술이 중단됐다. 이는 분명 알레르기 반응이었고, 알고 보니 이전과 다른 마취제를 투여했던 것이다. 근본적으로 '가짜 전기 경련 요법'을 받은 것이나 마찬가지였던 에마는 아무 말도 하지 않았으며 아무런 의식을 보이지 않았다. 9회 차 시술 이후 그녀는 다시 몇 마디 말을 했지만, 그러고는 잠과 비슷한 상태에 빠져들었다. 얼마 뒤 그녀는 눈을 떴지만 앞만 본 채로 소통의 의지를 전혀 보이지 않았다. 10회 차 시술 이후에는 딱 한 번 "안녕." 하고 말했고, 11회 차 때는 아무 말도 안 했으며, 12회 차 때에도 역시 말이 없었다. 시술 전과 후에 그대로 유지된 유일한 변화는 앉은 자세였고, 일어선 자세도 견디는 능력뿐이었다.

우리는 더 이상 전기 경련 요법을 제안하지 않았다. 물리치료사들은 에마의 기동성이 좋아진 데 대해 기뻐했다. 이는 욕창이나 폐렴에 걸릴 위험이 낮아진다는 의미였기 때문이다. 다른 관계자들과 나는 그녀에게 여러 차례 말을 걸고, 그녀가 했던 말을 이해하고, 그 의미를 밝히기 위해 오랜 시간

을 보냈다. 자유 의지가 없다는 건 무슨 뜻이었을까? 그녀의
경험이었을까, 아니면 라디오 4에서 들은 심리적, 철학적 대
사 같은 것이었을까? 아니면 정신병의 증거였나? 우리는 바
이러스 감염과 면역뿐만 아니라 관절과 근육을 위한 운동의
중요성에 대해 그녀에게 긍정적인 메시지를 들려줬다. 다만
실질적인 효과는 없었다.

찰스의 부재를 아쉬워하는 사람은 아무도 없었다. 그런데
그와 마지막으로 대화를 나눈 지 2달이 넘은 어느 날 밤에 그
가 갑자기 모습을 드러냈다. 야간 근무자들은 그의 몰골이 그
야말로 형편없었다고 표현했다. 그는 체중이 12킬로그램이
나 빠졌다. 머리숱도 적어지고 혈색도 좋지 않았다. 그는 딸에
게 작별 인사를 하러 왔다고 했다. 암이 재발해 호스피스 병동
에 들어간다면서 말이다. 그에게 남은 시간은 2주 정도였다.

에마를 장례식에 데려가는 일은 구급차, 경사로, 휠체어,
그리고 수많은 보조 인력이 필요한 일종의 도전이었다. 우리
는 그녀가 장례식에 가고 싶어 하는지 확신할 수 없었지만
그럴 거라고 믿기로 했다. 찰스의 오랜 친구 몇몇도 참석했
다. 그들은 찰스의 투철한 공공심과 사명감에 대해 이야기했
다. 또 그가 딸의 건강 상태와, 딸이 정신 건강 의학과 의사들

의 손에 이루 말할 수 없는 혹사를 당하는 것을 지켜보며 암을 재발시킨 원인이 된 게 분명한 지독한 스트레스를 견뎌내야 했다고도 말했다. 홀 뒤쪽에 있던 에마는 자신의 주변에서 일어나는 일을 인지하고 있는지 나타낼 만한 그 어떤 반응도 보이지 않았다.

나중에 병동 매니저는 심한 정신 장애를 가진 다 큰 자식과 부모 간의 관계가 복잡하게 얽혀 있었던 이전의 상황을 돌아보며, 그런 경우 부모의 사망이 자식의 인생에 긍정적인 새 출발이 될 수도 있음을 상기했다. "죽음이 있는 곳에 희망이 있달까요." 그는 침울한 분위기를 띄워보려는 듯 농담조로 말했다.

몇 년이 지났는데도 에마는 정확히 같은 상태에 머물러 있다. 왜일까? 어머니를 애타게 그리워하고 있나? 사랑하고 또 미워하는 아버지에게 세뇌당했나? 드문 경우이지만 전기 경련 요법으로 인한 긴장증이나 우울증에 걸렸나? 생물 의학으로는 알아볼 수 없는 뇌의 만성적인 바이러스 감염 때문인가? 최신식 스캐너로는 찾을 수 없는 뇌 질환이 있나? 굳건하지만 잘못된 질병 신념에 따라 행동하는 걸까? 저항하는 걸까? 미쳐버린 걸까?

나는 〈뉴요커〉의 기자인 레이첼 아비브가 쓴 스웨덴의 어느 지속적 거부 사례—또는 기사에 나와 있는 대로 '체념' 사례—에 관한 기사에서 단서를 얻을 수 있었다.[20] 그 기사는 종교적인 박해를 피해 망명을 신청한 가족과 5살의 나이에 러시아를 떠나온 조르지에 관한 이야기였다. 그들은 6년간 체류 허가를 받고자 사투를 벌였다. 끝내 그들의 망명 신청이 거부당할 것처럼 보였을 때 병이 난 조르지는 1년 가까이 반응이 없고 수동적인 상태에 빠져 있었다. 그러나 마침내 그의 가족이 승소하자 조르지는 몇 주의 기간에 걸쳐 회복되기 시작해서, 처음에는 눈만 뜨더니 나중에는 정상적으로 먹고 마시고 말하고 움직이게 됐다. 조르지에게 그의 경험에 대해 묻자 병이 일종의 반항으로 시작됐다고 말했다. 이 나라에서 살면서 일할 수 있는 것도 아닌데 학교는 왜 다녀야 하지? 마침 그의 의지가 다 고갈됐던 때에 그러한 반항은 '제 스스로 탄력을 받은' 것 같았다.

그렇다면 에마는 왜 그런 상태에 놓이게 된 걸까? 사실, 그 답은 아무도 모른다.

chapter 7 .

우리는 가족
we are family

마음, 즉 두려움, 환상, 신념, 갈등,
그리고 온갖 '스트레스'는 신체를 통해 발현될 수 있다

크리스토퍼네는 피자 익스프레스에서 가족끼리 외식 한번 하려면 군사 작전에 맞먹는 계획이 필요했다.

1단계 미리 전화해 정확히 오후 6시(그다지 바쁘지 않은 시간)에 4인 테이블 예약하기(출입문과 가까운 자리로).

2단계 5시 59분에 엄마를 내려주고, 페퍼로니 피자 1판, 코카콜라 라지 사이즈(얼음 없이), 초콜릿 브라우니 주문하기.

3단계 아빠는 음식이 나올 때까지 자동차 뒷좌석에 앉아 있는 크리스토퍼(15세), 레오(11세)와 레스토랑 주변을 한 바퀴 돌기.

4단계 레스토랑으로 돌아와 주차를 하고, 자리에 가서 앉고, 서둘러 식사를 하고, 현금으로 계산하고(팁은 후하게), 다 함께 나가기.

이 가족은 심각한 상황을 연출하지 않고 저녁 외식을 하려면 이 방법밖에 없음을 과거의 쓰라린 경험을 통해 깨닫게 됐다. 레오는 음식이 나오지 않거나 원하는 대로 되지 않거나 너무 많은 사람들이 시끄럽게 하고 있으면 테이블에 조용히 앉아 기다리지 못했다. 아이는 곧 불안 증세를 보이며 "페퍼로니 콜라 얼음 없이!"라고 끊임없이 외쳤다. 상황은 빠르게 고조돼 레오는 두 주먹으로 자기 이마를 때리며 울부짖기까지 했다. 이 광경을 쳐다보는 사람들 중에는 고개를 절레절레 흔들면서도 동정을 표하는 이들도 있었지만, "부끄러운 줄 알아야지!" 하며 혀를 끌끌 차는 이들도 있었다.

레오는 자폐아였다. 자폐 스펙트럼 장애가 아닌, 완전한 자폐증이었다. 자폐증은 뇌의 구조 및 기능, 특히 사회적 행동과 의사소통에 두루 영향을 미치는 지속적이고 심각한 신경 발달 장애다. 그 원인은 유전적인 것일 수도 있지만 아직 정확히 알려지지 않았다. 영화를 보러 극장에 가는 것은 상상조차 할 수 없었다. 레오네 가족을 초대하는 친구들도 없었다. 피자는 레오가 유일하게 좋아하는 음식이었다. 그들이 터득한 시스템은 성공적이었고 그들에게 외출을 가능하게 해줬으니 크리스토퍼로서는 좋은 일이었다.

레오의 장애는 크리스토퍼와 대비돼서 더욱 극명하게 드러났다. 성장기의 주요 사건을 보면 특히 더 그랬다. 첫 웃음, 첫 걸음마, 첫 말하기 등에서 레오는 크리스토퍼에 비해 한참 뒤처졌다. 3~4살 무렵 진단을 받은 레오는 특수 학교에 다녀야 했다. 주말과 저녁 시간은 힘들었다. 아버지는 중등학교의 부장 교사였고, 어머니는 교대 근무를 하는 간호사였다. 크리스토퍼는 레오와 사이가 좋았다. 아이는 참을성이 많고 여유 있는 성격인 데다 동생 레오의 루틴을 잘 알고 있었다. 두 아이들은 같은 방에서 컴퓨터 게임을 하거나(엄밀히 말해, 같이하는 건 아니지만) 비디오를 보곤 했다.

크리스토퍼는 딱히 불평을 한 적은 없었지만 가끔 혼자 있을 때가 있었다. 성적도 평균 이상이었고 운동도 잘했지만(또래에 비해 덩치가 커서 학교 축구팀의 골키퍼로 활동했다), 간혹 학교를 빼먹고 인근 공터 주위를 어슬렁거리곤 했다. 또래 남자애들이 크리스토퍼에게 담배 심부름을 시키기도 했으며, 나이가 좀 더 많은 상급생들이 가짜 신분증으로 술을 사오라고 시키기도 했다. 그러다 크리스토퍼도 담배를 따라 피우기 시작했는데, 가끔 천식 증상으로 고생하는 그로서는 어리석은 행동이었다. 게다가 담배를 사기 위해 어머니의 지갑에서 돈까지 훔쳤다.

어느 금요일 크리스토퍼는 학교 친구들과 영화를 보러 가기로 했다. 아버지는 며칠간 북부에 사는 형제를 만나러 갔다. 어머니는 오전 근무를 끝내고 일찍 돌아오기로 했으므로 레오를 돌보는 데는 아무 문제가 없을 터였다. 그런데 오후 5시쯤 어머니가 전화를 걸어와 병원에 일손이 부족해서 계속 일을 해야 할 것 같다고 말했다.

"오늘 밤에 친구들이랑 놀기로 했단 말이에요. 일주일에 딱 한 번인데!"

"미안해. 어쩔 수 없잖아. 엄마 9시쯤 집에 갈 거야. 이기
적으로 굴지 마." 어머니는 참지 못하고 이렇게 말해버렸다.
그녀 역시 그날 일진이 그다지 좋지 않았다.

크리스토퍼는 씩씩대며 먹을 것을 달라는 레오의 요청을
무시한 채 자기 방에 들어가 문을 쾅 닫았다. 약속대로 9시가
갓 넘어 귀가한 어머니는 대문 앞에서 흐느끼고 있는 레오를
발견했다. 점퍼 차림으로 현관에서 어머니를 기다리던 크리
스토퍼는 어머니가 사과할 새도 없이 휙 나가버렸다.

크리스토퍼의 통금 시간은 밤 10시였다. 11시가 넘어가
자 어머니는 걱정이 되기 시작했다. 그리고 자정이 됐다. 크
리스토퍼는 전화를 받지 않았다. 어머니는 어떻게 해야 할지
난감했다. 경찰에 신고할까 싶었지만 어쩌면 그냥 동네를 배
회하고 있는 걸지도 몰랐다.

크리스토퍼는 새벽 1시가 넘은 시간에 비틀거리면서 집
에 들어와 위층으로 향했다. 부스스한 행색에 신발은 진흙투
성이인 데다 술 냄새가 풍겼다. 아이는 어머니의 물음에 대답
도 하지 않고 곧장 화장실로 가더니 변기에 토했다.

일요일 저녁 집에 있던 부모님은 크리스토퍼와 담판을 짓
기로 했다. 탈선하는 아들을 가만히 지켜보고 있을 수만은 없
었다. 왜 학교를 빼먹니? 내년에 시험이 있는 걸 잊어버린 건
아니겠지? 혹시 돈 훔쳤니? 크리스토퍼는 분에 겨워 울고 소

리를 지르며 결백을 주장했고, 주체하지 못할 정도로 몸을 덜덜 떨기 시작했다. 레오는 한쪽 구석에서 잔뜩 움츠리고 있었다. 처벌은 가혹했다. 외출 금지. 뿐만 아니라 중간 방학 기간 동안 지역 학교에서 암스테르담으로 합동 축구 견학을 가는데 거기에도 참가할 수 없게 됐다.

다음 날 아침 크리스토퍼는 학교에 갈 준비를 하지 못했다. 기침을 했고 숨소리가 쌕쌕거렸다. 몸은 여전히 떨렸다. 어머니는 아이가 안쓰러웠다. 추운 날씨에 밤새 밖에 있었으니 폐 감염이 생긴 걸 수도 있었다. 그녀는 학교에 전화를 걸어 크리스토퍼가 오늘 등교를 못할 것 같다고 말했다. 실제로 아이는 그 주 내내 학교에 가지 못했다.

크리스토퍼의 어머니는 아이를 병원에 데려갔다. 의사는 폐 감염인 것 같다며 항생제를 처방해줬다. 크리스토퍼는 호흡을 힘들어했지만 천식 같아 보이지는 않았다. 외려 문제는 다른 데 있었다. 바로 좀 이상해 보이는 떨림이었다. 크리스토퍼의 오른팔은 거칠고 불규칙적으로 좌우로 흔들렸다. 그 움직임은 매우 들쑥날쑥했다. 옷을 입거나 밥을 먹는 동작 등을 할 때 떨림이 딱히 방해가 되지 않았고, 특히 주의가 산만해졌을 때는 떨림이 멈췄다. 아이의 증상은 과호흡에 가깝긴 했지만, 의사는 혹시 아이가 천식 흡입기를 너무 많이 써서 떨림이 생긴 건 아닌지 의구심을 가졌다.

일주일 뒤 크리스토퍼는 처방받은 항생제를 다 복용했다. 호흡은 나아졌지만 떨림은 여전히 남아 있었다. 게다가 오른 팔이 약해졌고, 오른쪽 다리도 좀 약해진 것 같다며 투덜거렸 다. 의사는 상태를 확인해봤지만 아무런 이상을 찾을 수 없었 다. 의사가 아이에게 양손을 앞으로 내밀도록 한 다음 아래로 눌렀을 때 양손 모두에 힘이 있는 듯하다가 갑자기 오른팔이 옆으로 툭 떨어졌다. 반사 반응은 정상이었고 양손에서 동일 하게 나타났으므로 뇌에서부터 척수로 이어지는 신경에는 이 상이 없음을 알 수 있었다.

크리스토퍼의 부모님의 마음은 걱정과 짜증 사이를 왔다 갔다 했다. 아이에게 너무 심하게 했나? 혹시 아이가 아픈 척 연기를 하는 건 아닐까? 원인을 몰라 답답했지만 크리스토퍼 는 속마음을 털어놓지 않았다. 부모님은 이 일이 결국 하나 의 해프닝처럼 사그라들 것이며, 괜히 아이를 다그쳐 '소란을 피울수록' 문제만 더 악화시킬 것이라고 생각했다. 하지만 상 황은 나아지지 않았다. 결국 크리스토퍼는 지역 병원 소아과 에 가게 됐다. 의사는 우려스러움을 표하는 동시에 난처해했 다. 크리스토퍼의 몸에서 신경학적 증상이 진행 중인 것 같았 지만(아이는 이제 걸을 때 눈에 띄게 절뚝거렸다), 그녀가 아는 종 류의 떨림이 아닌 것을 보면 아동기 무도병(舞蹈病) 같은 희귀한 운동 장애일 수도 있었다. 크리스토퍼는 자주 결석을 하게 됐다. 의사는 아이를 입원시키고 몇 가지 검사를 해보기로 결정했다. 검사 종류는 혈액 검사, 뇌 스캔, 척추 엑스레이, 요추 천자(신경계 염증 검사에 사용되는 뇌척수액 샘플을 얻기 위한 것) 등이었다.

입원 당시 크리스토퍼는 보행 보조기가 있어야 걸을 수 있었고, 옷을 입거나 씻을 때 도움이 필요했다. 아이의 부모님은 버릇없을지언정 극악하다고 볼 수 없는 아들의 행동거지에 과민 반응을 보였다는 죄책감에 사로잡혀 각별한 주의를 기울였다. 그들은 스스로를 부끄러워하며 공무원으로서 자신들의 '어리석음'에 대한 부담을 국가에 지우지 않겠다고 다짐했다. 그들의 행동에 대한 결과는 그들이 책임지겠다는 것이었다.

뇌 스캔과 엑스레이 결과는 정상이었으며, 이는 종양을 비롯해 척수를 누르는 게 없다는 의미이므로 크게 안심할 수 있었다. 다음은 요추 천자 차례였다. 요추 천자는 통상적인 절차이나, 환자에게는 불편감을 주고 의사에게는 일정 정도의 기술을 요하는 시술이었다.

환자가 팬티만 입은 채 진찰대에 왼쪽으로 누워 몸을 단단한 공처럼 만다. 피부를 소독제로 닦는다. 간호사가 가운데가 사각형으로 뚫린 멸균 천을 환자의 등 아래 부분에 덮어 요추 부위만 노출시킨다. 의사가 환자 뒤에 놓인 의자에 앉아 척추를 더듬으며 골반 바로 위, 요추 맨 아래에 있는 2개의 척추 뼈 사이에 살짝 들어간 부분을 찾는다. 국소 마취제가 주사될 때 환자가 살짝 움찔하기도 하지만 고통은 거의 없다. 곧이어 의사가 요추 천자용 바늘을 넘겨받는다. 의사는 목표 지점을 다시 한번 확인한 뒤 "살짝 누르는 느낌이 나실 겁니다…." 같은 말을 한다. 바늘이 뼈에 걸리지 않고 부드럽게 미끄러져 들어간다. 바늘의 속침을 빼내면 약 2초 후에 화이트 와인과 비슷한 색과 점도를 가진 첫 뇌척수액이 나와 바늘 끝에 맺히며, 이것을 아래에 받쳐둔 검체병에 담아 실험실로 보낸다.

정신 건강 의학과 의사들은 이와 같은 시술을 하지 않는다. 나는 신경과 수련의로 일할 당시, 요추 천자 시술을 기꺼이 했고 스스로를 전문가로 여기기까지 했다. 한번은 고문 의사의 지시로, 갑작스러운 심한 두통으로 입원을 했는데 약간의 어지럼증과 목의 뻣뻣함을 호소하는 한 40대 남성에게 요추 천자 시술을 하게 됐다. CT 촬영 결과 눈에 띄는 점은 없었다. 당시에는 요추 천자를 통해 동맥류나 뇌 수막염 여부를 확인하는 게 일종의 루틴이었다. 나는 주변에 모인 간호 실습생들 앞에서 시술을 잘해 보이려고 애썼다. 국소 마취를 끝내고 나서 요추 천자용 바늘을 들고 나의 관중에게 이제 무엇을 할 것인지 설명했다. 그때 환자가 엄청나게 크고 긴 방귀를 뀌었다. "이봐요!" 사람들 앞이라 나는 일부러 과장되게 쏘아붙였다. 간호사들이 킥킥거렸다. 이것이 그 환자가 낸 마지막 소리였다는 사실을 깨닫기까지 몇 초 걸리지 않았다. 동맥류가 언제 터질지 모르는 상황이었는데, 환자가 요추 천자 시술을 위해 몸을 동그랗게 마는 과정에서 파열된 것으로 추정됐다. 내가 그 환자를 사망에 이르게 했다고 생각하진 않는다. 하지만 자만에 찬 무신경한 내 행동에 대한 수치심은 여전히 남아 있다. 이후로 나는 요추 천자 시술을 하지 않았다.

요추 천자 시술을 하는 동안 크리스토퍼는 몹시 불안해했으며 가만히 누워 있기 힘들어했다. 팔도 떨렸다. 아이가 근육질인 데다 살짝 과체중이라 척추뼈 사이에 바늘을 집어넣을 적절한 지점을 찾기 어려웠다. (핀 크기만 한) 국소 마취용 바늘이 들어가자 아이의 몸이 앞으로 휘청이며 진찰대에서 떨어질 뻔했다. 수련의는 자신감이 떨어졌다. 그는 크리스토퍼에게 바늘이 들어간다고 말해주는 것도 잊어버린 채 머뭇거리며 요추 천자용 바늘을 밀어 넣었고, 아이가 반사적으로 몸을 쭉 펴는 바람에 바늘이 척추뼈 사이로 들어가는 게 더욱 어려워졌다. 바늘이 반쯤 들어간 상태에서 의사와 간호사는 크리스토퍼에게 가만히 있어야 한다고 말하며 다시 자세를 잡게 하기 위해 안간힘을 썼다.

　의사가 바늘을 더 밀어 넣었는데 이번에는 바늘이 뼈에 닿았다. 크리스토퍼가 신음했고, 의사는 바늘을 뽑았다. 그 자리에서 피가 배어나왔다. 간호사는 크리스토퍼에게 잘하고 있다고, 지금은 잘 안 됐지만 금방 다시 할 거라며 아이를 안심시켰다. 시술이 재개됐지만 상황은 아까보다 더 좋지 않았다. 크리스토퍼는 의사가 뭘 하기도 전에 몸을 꼼지락거렸다. 국소 마취제가 추가로 주입됐다. 이번에는 요추 천자용 바늘이 잘 들어가는 듯 보였다. 의사는 속침을 뺀 뒤 기다렸다. 그런데 뇌척수액이 나오지 않았다. 결국 그들은 시술을 포기했다. 의사는 자신의 선배인 선임 의사에게 연락해 오늘 중에 잠시 들러서 시술을 다시 진행해달라고 했다. 요추 천자를 백번은 해봤을 선임 의사조차도 2번째 시도 끝에 겨우 성공했다. 바늘에 찔린 조직에서 나온 혈액이 뇌척수액을 오염시키는 '외상성 천자' 때문이었다. 이는 이상적이라고 할 수 없지만 분석이 아예 불가능한 것은 아니다. 그 자리의 모두가 한시름 놓았다. 크리스토퍼만 빼고. 의사는 아이에게 잘해냈다고, 힘든 건 다 지나갔다고 말해줬다. 그렇지만 아이는 극심한 스트레스를 받았다.

이제 크리스토퍼는 온몸이 떨렸다. 심해졌다, 약해졌다 하는 증상이 몇 시간씩 지속됐다. 아이는 극심한 허리 통증까지 호소했고, 양다리가 움직이지 않는다고 했다. 호출을 받고 온 수련의는 이 증상이 요추 천자의 합병증일까 봐 걱정했다. 그의 소견으로 이런 상태를 유발할 수 있는 유일한 경우는 뇌에 종양이 있을 때였다. 뇌에 종양이 있으면 두개골 내 압력이 상승하는데, 이 압력이 천자에 의해 낮아지면서 뇌가 아래쪽으로 움직여 회복 불가능한 손상을 야기할 수 있다. 그러나 이런 합병증을 피하기 위해 요추 천자 전에 CT 촬영을 한 것이었고 결과상 아무런 문제가 없었으므로 그럴 리 만무했다.

그와 같은 떨림은 일종의 간질성 발작 때문일 수도 있으므로 긴급 뇌파 검사가 이뤄졌다. 정상적인 뇌 활동을 보여주던 아이의 뇌파가 아이의 움직임('근육 수축에 의한 잡음')에 의해 묻혀버렸다. 선임 의사도 호출돼서 자신이 시술 시 뭔가 잘못한 게 아닌가, 하는 걱정을 하며 크리스토퍼를 검사했다. 그는 이런 아이의 반응을 요추 천자 시술을 한번에 해내지 못하면서 그 고통에 의해 고조된 두려움의 정신적 결과로밖에 해석할 수 없었다. 하지만 그것으로는 크리스토퍼가 갑자기 두 다리를 못 쓰게 됐다는 사실에 대해서 설명할 수 없었다. 아이가 똑바로 앉거나 침대에서 움직일 수 있는 것으로 봐서 다리가 완전히 마비된 것도 아니었다.

다음 날 고문 의사는 크리스토퍼를 살펴본 뒤 종합 검진을 실시했다. 그녀는 그 어떤 신체적 메커니즘으로도 아이의 상태가 악화돼가는 것을 설명할 수 없었다. 요추 천자로부터 얻은 뇌척수액의 분석 결과는 정상이었다. 호출을 받고 온 임상 심리학자는 수차례에 걸쳐 크리스토퍼와 일대일로, 또 아이의 가족과 면담을 했다. 그는 학교 및 지역 보건의와도 이야기를 나눴다. 몇 주 뒤 그는 크리스토퍼가 '전환 장애'에 시달리고 있다는 내용의 상세한 보고서를 내놨다. 그는 전환 장애를 심리적 갈등의 결과로 나타나는 신경학적 장애라고 설명했다. 보고서에는 크리스토퍼가 자신이 처한 상황—동생레오가 받는 관심에 대한 분개, 부모님의 기대에 부응해야 하는 어려움, 불만족스러운 학교생활, (천식, 과체중 같은) 건강 문제 등—에 적응하는 데 어려움을 겪었으리라는 추정이 담겨 있었다. 이런 것들이 운명의 금요일 밤에 정점을 찍었고, 크리스토퍼는 가족과 학교의 압박과 병의 괴롭힘으로 받는 스트레스를 피할 수 있다고 (아마도 무의식적으로) '깨닫게' 됐던 것이다. 더불어 요추 천자 시술도 한몫했다. 임상 심리학자는 이런 요소를 개별적으로 보면 그리 대단하다고 할 수 없지만 한데 모아놓으면 크리스토퍼의 갑작스러운 장애에 대한 이유가 되기에 충분하다고 봤다. 특히 불안 기질이 있는 것으로 판명된 아이에게는 더더욱 요추 천자 경험이 공포심과 (정신적, 신체적) '트라우마'를 유발하기 쉬웠을 터다. 이는 '보상실패(질병이나 스트레스로 신체의 장기가 올바르게 작동하지 못하는 상태 - 옮긴이)'와 어린아이 같은 의존 상태로의 '퇴행'으로 이어졌다. 크리스토퍼에게는 물리 치료와 단계적인 재활이 결합된 개인 심리 치료가 권고됐다. 연령이 낮을수록 전환 장애의 진단과 치료가 신속하게 이뤄지면 예후가 좋은 편이다.[1]

크리스토퍼는 신경 재활 병동에 18개월간 입원해 있었지만 아무것도 개선되지 않았다. 오히려 다리뿐만 아니라 양쪽 팔과 손까지 기능을 전혀 못할 정도로 상태가 악화됐다. 목 아래로는 사실상 마비 상태라 아이는 침대와 한 몸이 돼서 지 냈다. 장과 방광의 감각은 살아 있었지만 화장실에 가려면 다 른 사람이 변기에 앉혀줘야 했다. 크리스토퍼는 이 사이에 얇 은 플라스틱 막대를 물고 컴퓨터 키보드를 치는 방법을 이용 했다. 아이의 아버지는 교과서와 숙제를 갖다주며 아이가 학 업을 계속할 수 있게 하려고 노력했지만 가망이 없었다. 크리 스토퍼는 시험을 여러 번 보지 못했다.

크리스토퍼에게서 눈에 띄는 우울증의 징후는 보이지 않 았다. 아이는 자신이 처한 상황에 절망스러워하면서도 물리 치료사들의 처치에 협조적이었다. 다만 이들은 아이의 팔다 리를 마사지하고 힘줄과 관절이 굳지 않도록 움직여주는 일 외에는 할 수 있는 게 없었다. 바로 이 시점에 크리스토퍼는 내가 있는 정신 건강 의학과 병동으로 오게 됐다.

우리는 기능성 신경학적 장애로도 알려진 전환 장애 환자 를 점점 더 많이 받게 됐다. '전환'이라는 용어는 제대로 표출 되지 못한 감정적 갈등이 신체적 증상으로 '전환된다'고 여겨 졌던 19세기부터 사용됐다. 지그문트 프로이트와 요제프 브로이어는 1895년에 출간된 그들의 저서 《히스테리 연구》를 통해 이와 같은 지식을 세상에 널리 알렸다. 이 책에서는 고대 그리스인과 이들의 자궁(후스테라)에 대한 개념—자궁이 몸속을 돌아다니며 다른 장기에 손상을 입힌다는 생각—을 거론하며 더 오래된 용어를 사용했다. 하지만 이 질환은 비단 여성에게만 발생하는 것이 아니며, 심리 분석이나 최면을 통해 무의식적인 갈등을 표면화한다고 해서 즉시 치료되는 것도 아니라는 사실이 곧 밝혀졌다. 그럼에도 불구하고 이런 사례의 뒷이야기는 너무나 매력적이고 흥미롭긴 하다.

세기말 오스트리아 빈을 분개하게 한 전환과 성(性) 또는 성적 학대 사이의 연관성은 이제 많은 사례에서 주요 원인으로 받아들여지고 있다.[2] 마찬가지로, (명확히 의도된 행동을 제외하고) 마음, 즉 두려움, 환상, 신념, 갈등, 그리고 온갖 '스트레스' 등이 신체를 통해 발현될 수 있다는 생각 역시 좀처럼 묵살하기 힘들다. 특히 크리스토퍼의 사례에서처럼 전환 가설이 원인과 결과의 시간적 순서에 의해 뒷받침되는 경우 더욱 강력한 설득력을 가진다.[3] 다만 아무리 설득력 있게 들리고, 만족스러운 기승전결이 있으며, 이해 불가능한 일을 납득시켜준다고 해서 그게 곧 사실이 되는 건 아니지만 말이다.

'진짜' 질병이란 무엇인가, 환자의 역할과 책임은 무엇이며 그중에서 사회적으로 눈감아줄 수 있는 범위는 어디까지인가에 대한 생각은 '환자 역할'과 '질병 행동'이라는 개념을

만들어냈다.[4]

이에 더해, 진단 의학의 발달로 의사는 환자에게 별다른 신체적 증상이 없는 신경학적 장애가 있다고 마음 편히 간주할 수 있게 됐다(그렇다 하더라도 일부의 경우 이러한 증상이 신기술에 의해 곧 밝혀지리라는 의심이 계속 들긴 한다).

정신 건강 의학과 의사는 '생물적, 심리적, 사회적' 접근이라는 중요한 기반에 의지한 채 불확실성의 수렁 속으로 들어간다. 또한 모든 (생물적, 심리적, 사회적) 요소와 관점을 열린 마음으로 증거를 고려해 조사해야 한다. 주어진 어떤 장애에서 이 관점이나 저 관점에 더 큰 무게가 실릴 수는 있지만, 각 생물적, 심리적, 사회적 영역이 아예 관련되지 않거나 해석에 도움이 전혀 안 되는 경우는 드물다. 정신 건강 의학과 의사는 독단적이어서는 안 되며, 다양하고 지적인 증거에 기반한 전통을 받아들이고, 불확실성의 존재를 인정해야 한다.

크리스토퍼의 경우 문제가 좀 있었다. 지역 보건 당국이 크리스토퍼의 진료 의뢰를 허가하려 하지 않았던 것이다. 그들은 전문가적 조언의 필요성을 이해하지 못하고 그저 지역 임상팀이 왜 일을 제대로 못하는 건지 의아해했다. '왜 자치구의 귀중한 자원을 (그들의 생각으로는 대도시의 엘리트에 속하는) 3차 병원에 자금을 대는 데 써야 하나?' 또 미성년자와 성인에 대한 서비스 사이에는 명백히 인위적인 경계가 있었다. 그리하여 그들은 '종합 돌봄 패키지'를 시작해 환자를 집에서 돌보는 쪽을 택했다. 이는 국민 보건 서비스의 원칙을 훼손하는 것처럼 보이지만 당시에는 시스템이 그런 식으로 돌아갔으며, '효율성' 개선을 위해 의료 구매자와 제공자를 분리시킨 지금도 어느 정도는 그렇다.

크리스토퍼는 집으로 보내졌다. 아이가 살던 교외의 수수한 2가구용 연립 주택은 정식 병원 침대, 전신 리프트, 개조된 샤워실과 화장실, 휠체어 진입로 등 갖춰야 될 것이 아주 많았다. 레오는 또 어떤가? 레오 역시 더욱 세심한 돌봄이 필요할 터였다. 크리스토퍼의 부모님은 조용한 절망 상태에 빠져 있었다. 그들은 일을 그만두거나 근무 시간을 현저히 줄여야 할지도 몰랐다. 크리스토퍼의 병이 다뤄볼 만하며 심지어 치유가 가능하다는 사실은 비극이 아닐 수 없었다. 나는 그런 아이를 그냥 보낼 수 없었다.

나는 정신 보건 서비스의 책임자와 위원에게 지역 의료 서비스가 크리스토퍼의 사례를 맡을 만한 적절한 전문가나 시설을 보유하고 있지 않다는 내용을 담은 장문의 편지를 썼다. 크리스토퍼는 한시라도 빨리 입원해서 정신 건강 의학과적 재활 치료를 받아야 했다. 나는 나머지 가족들에게 미칠 연쇄 반응과 그것의 엄청난 비용—동생 레오를 위한 주간 돌봄, 국민 보건 서비스로서는 노련한 간호사를 잃는 일일 수도 있는 하루 4번 이상의 간병인 방문, 수당과 보조금 고갈 등—에 대해 설명하며 정당한 분노를 남김없이 쏟아냈다. 또 아이의 상태는 치료가 빠를수록 회복 가능성이 높아진다고도 덧붙였다. 나는 이렇게 주장하면서도 한편으론 이것이 헛된 노력일 수도 있다고 생각했다. 우선 모든 신규 비용은 다른 누군가의 예산에서 나와야 했다. 뿐만 아니라 내가 받은 충고에 따르면, 나는 복합적 환자에게 올바른 치료를 받게 해주려는 공정한 정신 보건 서비스 임상의가 아니라 어떤 '이해 충돌'에 부딪친 서비스 제공자로 보일 게 뻔했다.

그 어떤 회신도 받지 못한 나는 방침을 바꿔봤다. 내 말은 듣지 않아도 '자기네 사람들 중 하나'의 말은 들을 터였다. 그 사람은 바로 돌봄 패키지 편성을 맡게 됐으나 이것이 얼마나 부적당한지 알고 있는 지역 보건의였다. 그는 내가 설득할 필요도 없이 크리스토퍼와 아이의 가족을 위해 로비를 시작했다. 그는 크리스토퍼의 부모님이 전문적인 도움을 받는 데 찬성하면서도, 왠지 수동적인 태도를 보이고 있으며 특히 캠페인에 해당되는 일에는 관여하기를 거부한다고 털어놨다. 그들은 스스로를 탓하며 살면서 닥친 모든 일들을 그저 순순히 받아들이는 게 그들의 운명이라고 여기는 것 같았다. 그들이 종종 말했듯이 본인들은 소란을 피우는 사람들이 아니었으니까.

부당한 현실일지언정 할 일을 계속 해나갈 수밖에 없었던
나는 또 다른 환자인 에이미를 만났다. 그녀는 자기가 어떻게
응급실에 오게 됐는지 거의 기억하지 못했고, 남편 마크는 그
녀가 발작을 했다고 알려줬다. 에이미는 그날 몸이 좀 '이상
하다'고 느꼈고 지끈거리는 두통도 있었다. 7살 난 딸 세이드
는 친구의 어머니, 친구와 함께 학교에서 돌아왔다가 부엌 바
닥에 대자로 뻗어 있는 에이미를 발견했다. 그녀는 의식은 있
었지만 어지러움을 호소했다. 입가에는 혀를 깨물면서 흘러
나온 피가 조금 묻어 있었다. 그들은 구급차를 부른 뒤 마크
에게 연락을 했고, 마크는 곧장 병원으로 달려와 그들과 만났
다. 에이미는 구급차에서 또 한 번 발작을 했다. 구급대원들
은 모든 사항을 고려해 에이미의 증상을 간질성 발작이라고
확신했다. 그녀의 오른쪽 몸이 씰룩거리는 것에서부터 시작
돼 고개가 왼쪽으로 돌아가고 눈이 크게 떠지고 온몸의 근육
이 팽팽하게 당기고 턱이 악물리고 30~40초간 주기적으로
몸이 홱홱 움직이던 것이 한 번의 움직임과 함께 잦아들더니
이내 그녀는 축 늘어져 1~2분 정도 잠이 들었다가 깨어났다.

어렸을 때 간질을 앓은 적도 없었던 에이미에게 42세의
나이에 이런 일이 벌어지다니 뭔가 근본적인 원인이 있을 것
같았다. 돌이켜 생각해보니 2달쯤 전에 그녀는 평소보다 훨

씬 심한 두통을 경험했다. 가끔 올바른 단어가 떠오르지 않는 것 말고는 딱히 증상이라고 부를 만한 건 없었다. 누구나 한 번쯤은 단어가 떠오르지 않는 일을 경험하지 않는가. 그날 저녁 CT 촬영을 한 결과 그녀의 좌측 전두엽에서 골프공만 한 크기의 둥그렇고 울퉁불퉁한 뇌종양 덩어리가 발견됐다. 이것은 앞으로 몇 개월 동안 더 커지며 주변 뇌 조직까지 침범할 가능성이 있는 고위험 성상 세포종으로 보였다.[5]

며칠 뒤 에이미와 마크는 신경외과에서 고문 의사와 만났다. 좋은 소식은 아니었지만 수많은 치료법이 있었다. 우선 종양으로 인한 부기를 가라앉힐 스테로이드를 투여하면 두통이 멈출 것이고, 항경련 약 치료도 시작할 터였다. 방사선 치료에 어쩌면 화학 치료까지 하게 될 수도 있으나 이는 종양학과와 논의할 문제였다. 에이미에게 다른 문제는 없었다. 검사 결과도 깨끗했고 몸의 다른 부분에서는 암의 징후가 전혀 보이지 않았다. 조직 검사를 통해 종양의 조직에 대해 더 잘 알 수 있었다면 좋았겠지만 위치가 뇌의 언어 영역과 가까워서 손을 댈 수 없었다.

꽤나 절망적인 상황이었음에도 에이미 부부는 의사의 차분하면서도 용기를 주는 태도와 긍정적인 마인드를 고맙게 여겼다. 마크가 "얼마나 더 살 수 있나요?"라고 직설적으로 묻자, 의사는 즉답을 피하며 아직 그런 생각을 하기에는 좀 이르다고, 어떤 사람들은 몇 년이나 더 산다고 말해줬다. 부

부는 그 말을 몇 개월이라는 의미로 받아들였다. 제이드에게
는 엄마가 몸이 좀 아프지만 곧 나을 거라고 설명했다. 그들
은 무슨 일이 있어도 서로를 잘 돌봐줄 터였다. 화목한 가족
인 데다 서로를 아주 많이 사랑했으므로. 그들은 이 상황을
잘 헤쳐나갈 것이었다. 눈물과 포옹이 끝없이 이어졌다.

3개월 뒤 에이미는 신경외과 병동을 다시 찾았다. 치료는
순조롭게 진행됐지만 최근에 다시 발작이 시작됐던 것이다.
대부분은 오른팔이 홱 움직이고 멍한 느낌이 드는 경미한 것
이었다. 항경련 약의 양을 늘린 게 도움이 되나 싶었지만 곧
이어 극심한 발작이 1번, 2번, 3번, 그리고 계속 이어졌다. 그
녀가 무기력해진 것도 그리 놀랄 일은 아니었다.

내가 에이미를 병동에서 만났을 때 그녀는 침대에 앉아 있
었다. 그녀의 얼굴은 눈물 자국이 남아 있고 스테로이드제 때
문에 부어올라 있었다. 그녀는 대화를 즐겼다. 여러 가지 검사
와 전문가의 의견을 기다리며 병원에 머무는 것은 지루한 일
인데도 말이다. 그녀는 재미있고 겸손하며 용감했다. 나는 그
녀에게 호감이 갔다. 그녀는 침대 옆에 놓인 사진 속의 제이
드와 마크에 대해 이야기했고, 조만간 온 가족이 디즈니랜드
에 갈 수 있기를 얼마나 바라고 있는지 말했다. 그녀에게서는

우울증 증세나 추가적인 약물 복용의 필요성을 찾아볼 수 없었다. 오히려 그녀는 앞으로 닥칠 일들에 맞서 해결책을 찾고자 열과 성을 다해 노력하고 있었다. 그런데 내가 병실을 나가려는 찰나 그녀가 갑자기 울기 시작했다. 그건 평범한 울음이 아니었다. 에이미는 이를 악물고 목구멍에서 끓어오르는 듯한 낮은 소리로 신음했다.

"에이미, 괜찮아요? 무슨 일이에요?"

그녀는 아무 대답 없이 앞만 바라보며 꽉 움켜잡은 무릎을 가슴 쪽으로 끌어당긴 채 몸을 앞뒤로 흔들었다. 간호사가 다가와 상태를 확인했다.

"또 발작이 일어났네요." 간호사는 커튼을 치며 말했다.

신음 소리는 점점 더 커지며 긴 울부짖음으로 바뀌었다. 몸의 흔들림은 더 강해졌지만 홱홱 움직이거나 떨리지는 않았다. 나는 간호사에게 잠시 그대로 있어달라고 몸짓했다. 3분 뒤쯤 몸의 흔들림이 느려지고 울부짖음도 잦아들었다. 에이미는 몸이 흔들리는 동안 "아니, 아니, 아니!"라고 말하는 것 같았고, 눈물은 여전히 그녀의 얼굴을 타고 흐르고 있었다. 나는 그녀의 손을 잡았다.

"괜찮아요. 에이미, 내 말 들려요? 이건 발작이 아니에요. 당신은 그저 혼란스럽고 겁을 먹었던 거예요. 그냥 잊어버려요. 이제 다 끝났으니까…."

에이미는 눈을 뜨고 알았다는 듯 고개를 끄덕이더니 베

개에 등을 기댔다. 간호사가 에이미의 얼굴을 티슈로 닦아준 다음 그녀를 감싸 안고 위로해줬다. 이 모든 일이 10분 사이에 일어났다.

"무슨 일이 있었던 거죠?" 에이미는 당황한 듯 물었다. "발작이었나요?"

나는 에이미와 간호사 모두에게 그것이 '기능적 발작'이었다고 설명했다. 사람들은 가끔 감정—슬픔, 두려움, 그 밖에 어느 것이든—에 압도당하는 것 같은 때가 있는데, 이때 정신이 마치 안전밸브처럼 저절로 꺼져버려 몸이 제멋대로 움직이는 것이다. 이를 해리라고 하며, 약물이나 피로로 인해 멍할 때 특히 잘 발생하고 간질성 발작을 겪는 사람에게서도 드물지 않게 나타난다.[*]

나는 에이미가 정신을 차릴 때까지 잠시 기다렸다가 방금 있었던 일에 대해 좀 더 이야기를 나눴다.

"감당이 안 될 만큼 압도당한 기분이 든 건 사실이에요. 최근에 많은 일이 있었거든요. 선생님은 상상도 못하실 거예요. 그런데 가장 두려운 게 뭔지 아세요? 바로 제이드를 곁에서 지켜줄 수 없다는 거예요." 그녀는 다시 울음을 터뜨렸다.

나는 고개를 끄덕이며 어떤 말을 해야 좋을지 고민했다. 그러다 불현듯 그녀가 한 말이 내 정신을 깨웠다. "제이드를 무엇으로부터 지킨다는 거죠?"

긴 침묵이 이어졌다. 에이미는 다른 사람이 들으면 안 된다는 듯 커튼 쪽을 쳐다봤다.

"이 이야기는 아무한테도 한 적이 없어요. 심지어 남편한 테도요. 지금 제이드와 같은 7살이었을 때 저는… 학대를 당 했어요. 성적으로요." 그녀는 또다시 눈물이 나오려는 걸 참 았다. "여름 방학 때였어요. 어느 날 아침에 사촌 오빠 밥이 놀러왔어요. 당시 사촌 오빠는 12살이었어요. 저한테 생일 선 물로 받은 카세트 녹음기가 있었어요. 오빠가 테이프를 몇 개 갖고 있었는데, 엄마가 '제이드 방에 올라가서 같이 음악을 들으면 제이드가 좋아할 거야.'라고 말씀하셨죠. 우리는 나란 히 침대에 앉아 팝송을 듣고 있었어요. 근데 갑자기 오빠가 제 잠옷 밑으로 손을 집어넣었어요. 당시 저는 무슨 일이 일 어나는지도 몰랐어요. 그런 일이 방학 내내 계속됐어요. 엄마 랑 밥 오빠네 아빠, 그러니까 해리 삼촌은 서로 친했고 집도 가까웠어요. 그래서 매번 아무 때나 불쑥 찾아오곤 했죠. 그 렇게 몇 년이 흘렀어요. 밥 오빠는 저를 위협했어요. 다른 사 람들한테 말해봤자 아무도 제 말을 안 믿어줄 거고, 저는 정 신 병원 같은 데로 보내질 거라고요. 그런 일은 해마다 계속 됐어요. 어느덧 오빠는 15살, 저는 11살이 됐어요. 오빠는 어 느 날 방과 후에 저를 숲으로 데려가 강간했어요. 저는 집으 로 달려와 엄마한테 자초지종을 알렸어요. 엄마는 제가 멍청 한 짓을 했을 거라고, 오빠는 아직 어린애일 뿐인데 틀림없이 제가 유혹했을 거라고 말했어요. 그날 이후로 다시는 그 애

기를 꺼낸 적이 없어요. 엄마가 해리 삼촌과 밥 오빠한테 무
슨 말을 했는지 모르지만 더 이상 집에 찾아오지 않더군요."

끔찍한 이야기였지만 안타깝게도 나는 이전에도 비슷한
이야기들을 들은 적이 있었다.[7] 에이미는 마침내 그 일에 대
해 털어놓고 나니 안심이 되는 눈치였다. 그녀는 그 일을 이
해해보기 위해 지금까지도 안간힘을 썼다. 다행히 자신의 잘
못이 아니라는 인식은 하고 있었다. 그럼에도 당시에 제대로
된 위로를 받지 못한 건 여전히 쓰라린 상처로 남아 있었다.
백번 양보해 부모의 이혼으로 밥이 힘든 시간을 보냈다 쳐도,
둘 사이에 나이 차이가 꽤 났으니 힘의 불균형이 심했을 것
이고 15살이면 자신이 하는 일이 잘못됐다는 사실을 분명히
알았을 것이다. 그녀의 어머니의 반응에 대해 논하자면, 그
건 어쩌면 세대적인 문제라고 볼 수 있었다. 어머니 당신도
가난한 집의 7남매 중 하나로 태어나 엄하게 컸다니 말이다.

우리는 에이미가 집으로 돌아간 뒤 외래 진료 센터를 오
가며 치료를 받을 수 있도록 계획을 세웠다. 나는 정신 건강
의학과적 치료가 그녀에게 나타나는 기능적 발작을 다스리
는 데 도움이 되리라는 확신이 있었다. 더불어 항경련 약 복
용 및 항암 치료에 관해 신경외과의들과 긴밀한 협진이 필요
하다고 말했다. 또 그녀의 상처를 남편에게 털어놓는 것도 고
려해보라고 했다.

그녀와 헤어지기 전에 나는 그녀가 많은 일이 있었다고 말

했던 것을 떠올렸다. 이건 무슨 의미였을까? 그녀는 오랜 세월 동안 해리 삼촌을 피해왔는데 어느 날 갑자기 밥의 결혼식 청첩장을 받았단다. 남편은 결혼식날이 즐거운 하루가 될 거라고 했고, 어머니는 온 가족이 결혼식에 참석해야 한다고 했다. 결혼식은 지난주에 있었다. 결혼식 당일 아침 그녀는 2번의 발작을 하는 바람에 결혼식에 참석하지 못했다.[8]

　한편, 정신 건강 의학과 병동에서는 새로운 입원 환자를 기다리고 있었다. 믿기 어렵게도 또다시 꽉 채운 1년이 지나서야 마침내 18살이 된 크리스토퍼가 '시험 삼아' 입원할 수 있는 허가를 받았던 것이다. 입원이 정해지자 각 분야의 전문가로 구성된 팀이 평가를 실시했다.[9] 크리스토퍼는 우리에게 맡겨진 환자 중 가장 장애가 심한 축에 속했다. 모두가 그를 예의 바르고, 친절하고, 진지한 청년으로 여겼다. 그의 부모님도 비슷한 성향으로 항상 우리에게 고마워하고 공손했다. 우리만큼이나 크리스토퍼도 본인의 상태에 대해 혼란스러워하는 듯 보였다. 그는 모든 검사와 스캔 결과가 정상이라는 사실을 의심하지 않았지만 이런 마음가짐이 딱히 도움이 되진 않았다. 목뼈 골절로 하반신이 마비된 환자처럼 180센티미터가 훌쩍 넘는 키에 몸이 떡 벌어진 청년이 앞니에 기구를 문 채 힘겹게 키보드를 쳐서 이메일을 쓰고 인터넷 검색을 하는 모습은 그야말로 충격적이었다. 게다가 꽤 오랜 시간이 흘렀는데 치료가 가능하긴 할까, 하는 의구심도 들었다.

나는 크리스토퍼와 면담을 하고 임상 심리학자의 보고서에서 제기된 여러 쟁점을 살펴봤다. 그러고는 직접 크리스토퍼의 몸을 검사해보는 게 도움이 될 거라는 결론을 내렸다. 그가 베개로 몸을 받치고 침대에 똑바로 누웠다. 내가 오른쪽 다리를 들어보라고 하자 보일 듯 말 듯 순간적으로 실룩이기만 했다. 이번에는 내가 손으로 그의 오른쪽 발뒤꿈치를 감싸 쥔 뒤 그에게 발뒤꿈치로 침대를 꾹 눌러보라고 했다. 힘이 전혀 느껴지지 않았다. 다음으로 나는 왼쪽 다리를 들어보라고 했다. 크리스토퍼가 힘을 주자 그의 다리가 천천히 침대에서 들어 올려지더니 몇 초간 흔들리다가 다시 힘없이 떨어졌다. 나는 왼손을 그의 왼쪽 정강이 위에 올리며 다시 해보라고, 내 손을 밀어보라고 했다. 그와 동시에 나는 방금 전에 했던 것처럼 오른손을 슬쩍 그의 오른쪽 발뒤꿈치 밑에 밀어 넣었다. 그의 왼쪽 다리가 올라갔다.

"좋아요. 잘했어요. 그대로 있어요."

그러는 동안 이전까지는 마비되다시피 했던 그의 오른쪽 다리에서 긴장이 느껴졌다. 내가 발꿈치를 밀어 다리를 들어 올리려고 하자 내 힘에 대항하는 근육 수축이 뚜렷하게 느껴졌다. 나는 밀기를 멈췄다. 그는 안도의 한숨을 내쉬었다.

"방금 무슨 일이 일어난 건지 알겠어요? 당신이 왼쪽 다리를 드는 데 집중하면 오른쪽 다리에 힘이 들어가는 것 같아요."

크리스토퍼는 당황했다.

"그러니까, 이건 자연 반사예요. 한쪽 다리를 들어 올리면 균형을 유지하기 위해 반대쪽 다리가 저절로 내려가는 거죠. 하지만 당신이 의식적으로 이 행동을 하려고 하면 아무 일도 일어나지 않아요."

"저는 정말 노력했는데요!"

"알아요. 나는 당신한테 기능적 마비가 있다는 걸 보여주려는 거예요. 이건 당신의 뇌로부터 근육까지 메시지가 전달되지 않는다는 걸 의미해요. 왜 그런지는 나도 몰라요. 중요한 건 아직 그 연결이 끊어지지 않고 기능을 하고 있지만, 당신은 간접적으로 이 행동을 해야 한다는 사실입니다. 그래도 이건 좋은 소식이에요. 몸의 구조와 신경—인체의 배선이라 할 수 있는—이 손상되지 않았으니 신체적 손상이 지속되진 않을 거예요."[10]

크리스토퍼는 열심히 내 말을 들으며 그 속에 담긴 뜻을 이해하려고 했다. 그의 상태는 진전될 가능성이 있었지만 이를 한번에 받아들이기엔 벅찰 수밖에 없었다.

"운동선수들, 심지어 최고의 선수들도 마찬가지예요. 실수를 하죠. 당신은 골키퍼였잖아요. 페널티 킥 때 어떤지 알죠? 스트라이커는 그 큰 골대를 향해 11미터만 공을 차면 되는데도….”

“네. 완전히 이상하게 차버릴 때가 있죠. 말도 안 되게.”

“크게 스트레스를 받거나 남의 시선을 의식할 때, 또는 너무 심하게 애를 쓸 때, 걷기나 공차기처럼 평소에는 저절로 되다시피 하는 행동이 갑자기… 아주 복잡하게 느껴지죠. 하지만 생각을 너무 많이 하지 말고 침착하게, 그저 자연스럽게 하면 보통은 된답니다.”

한쪽 몸만 약하거나 정상적으로 걷고자 하는 사람들 중에는 이런 식으로 시작해서 성공하는 경우가 있다. 숙련된 물리 치료사들은 환자가 기능성 신경학적 장애를 극복하도록 돕는 여러 가지 기발한 기법을 내놨다.[11] 일례로, 뒤로 걷기가 있다. 뒤로 걷기를 하면 한 걸음 한 걸음을 힘겹게 내딛는 데 쏟아붓는, 치열하지만 무의미한 노력이 약화된다. 그러면서 ‘생각 없이’ 뒤로 걷는 게 앞으로 걷는 것보다 더 쉽다는 걸 불현듯 깨닫게 된다.[12] 기능성 신경학적 장애의 경우, 역설적으로 노력을 덜 할수록 목표를 더 쉽게 이룰 수 있는 듯하다. 그러나 크리스토퍼는 장애가 너무 심했다. 우리는 일단 그의 팔다리를 좀 더 움직일 수 있게 만들어 기초를 세워야 했다.

신경 근육 장애의 진단 검사법에 경두개 자기 자극이란 게 있다. 이 검사는 작은 탁구채처럼 생긴 장치인 전자기 코일을 통해 전류파를 흘려보내는 방식으로 진행된다. 그러면 아주 짧은 시간 동안 자기장이 발생한다. 만일 이 장치가 뇌 운동 피질―팔다리를 움직이는 신호를 생성하거나, 그 아래 로 쭉 내려가며 척수 또는 맨 끝부분인 척수 신경근까지 신호 를 보내는―의 정확한 부분 위에 놓이게 되면 무해한 전류가 유도되며, 이 전류가 신경을 따라 전도돼 연결된 근육에 자 극을 주는 것이다. 임상 신경 생리학자는 증폭기 및 기록 장 치와 연결된 작은 바늘을 근육에 꽂아 육안으로는 보이지 않 을 정도로 미세한 수축까지 기록할 수 있다. 이로부터 발화 패턴이 정상적인지, 근육이 건강한지 알 수 있다. 또한 전자 기 코일로부터 온 자극과 수축 사이의 시간을 1,000분의 1초 (ms) 단위로 측정해 신경의 속도가 정상인지, 아니면 느려졌 는지 알아낼 수도 있다. 이는 마치 전기 기술자가 회로를 시 험하는 것과 같다.

크리스토퍼는 휠체어에 태워져 신경 생리학 실험실로 들 어갔다. 신경 생리학자는 몇 가지 사전 측정을 통해 기준치를 정한 다음 본격적인 검사를 시작했다. 장치를 목 주변에 붙 이고 크리스토퍼의 양쪽 종아리의 움직임을 기록하는 동안, 기계에서 딸각딸각, 삐삐, 탁탁 하는 소리가 났다. 담당 신경 생리학자는 LED 화면에 나타난 숫자를 읽더니, 전도 시간이 전부 정상 범위에 해당하며 근육도 유도된 대로 잘 수축한다 고 말했다. 모든 게 안심이 되는 상황이었다. 우리는 다시금 신경망에는 아무 이상이 없으며 '전류를 다시 흐르게만 하면 된다'는 메시지를 얻었다. 그렇지만 크리스토퍼는 다소 실망한 눈치였다. 우리는 좀 다른 것을 시도해봐야겠다는 생각이 들었다. 미세한 실룩임을 일으키는 데 필요한 최소의 자극 대신 좀 더 세게 해보면 어떨까? 우리는 기계의 세기를 높이고 운동 피질 위에 장치를 붙인 뒤 빨간색 버튼을 눌렀다. 딸각하는 소리는 평소와 똑같이 들렸지만 이번에는 움직임이 눈에 띌 정도로 컸다.

"우와! 방금 뭐였죠?" 크리스토퍼가 물었다.

또 한 번의 전류파가 가해졌다. 이번에는 움직이지 않던 오른쪽 다리가 불쑥 튀어나왔다.

"저기요, 대체 어떻게 한 거예요?"

똑같은 일이 또다시 벌어졌다.

크리스토퍼는 놀라움에 고개를 절레절레했다. "정말 대단해요!"

다음으로 우리는 근육 수축 기록을 살펴봤다. 이 기계는 근섬유 수축이 있을 때마다 딸각 소리를 내는 확성기로 만들어진 것이었다. 음량 조절도 쉬웠다. 과묵한 성격의 신경 생리학자가 웬일로 크리스토퍼에게 종아리 근육이 움직이는 것을 보여주며 혼자 힘으로 한번 해보면 좋겠다고 말했다. 모두의 눈길이 크리스토퍼의 다리에 꽂힌 바늘과 이어진 작은 녹색 전선으로 향했다. 딸각. 딸각딸각. 딸각. "더 잘할 수 있어요." 우리는 그를 격려했다. 딸각 딸각 딸각…. 소리가 커지고 리듬이 빨라졌다. 금속 탐지기가 땅에 묻힌 동전 더미를 찾아냈을 때 날 법한 소리였다. 위이이이이잉. 기계음이 들렸다. "아주 잘했어요!" 우리는 한목소리로 외쳤다. 음량을 최대로 올린 덕분에 다소 극적인 상황이 연출된 부분이 없잖아 있었으나 감동만큼은 진심에서 우러난 것이었다. 크리스토퍼는 그의 노력에 대한 긍정적인 피드백을 받게 됐고 동시에 희망이 그를 찾아왔다. 그는 웃음을 멈출 줄 몰랐다. 그리고 나로서는 그날 이후로 다시는 그를 '가슴 철렁하게 만드는' 환자로 여기지 않고 성공적인 치료를 확신하게 됐다.

다음 치료는 체육실에서 물리 치료사와 함께 진행됐다. 크리스토퍼는 평행봉 위에 달린 리프트에 매달렸다. 그의 발은 바닥에 닿을 듯 말 듯했지만 손은 자연스럽게 손목 높이에 있는 평행봉에 말려 있었다. 그의 몸이 몇 밀리미터 아래로 더 내려졌다. 그러자 반사적으로 양다리가 쭉 펴지며 체중 일부가 그쪽으로 실렸다. 그가 비교적 상태가 나은 왼쪽 다리로 머뭇거리듯 첫걸음을 뗐을 때 물리 치료사들이 격려의 말을 쏟아냈다.

몇 주 사이에 크리스토퍼의 능력은 하루가 다르게 발전했다. 작업 치료사는 컴퓨터 자판용 막대에 문제를 제기했다. 그녀는 시험 삼아 그것을 치워보자고, 크리스토퍼의 손목을 받침대에 올려서 약하디약한 그의 손가락 움직임이 자판을 누를 수 있을지 보자고 주장했다. 결론부터 말하면 그는 과제를 해냈다. 하나하나의 작은 승리가 차곡차곡 쌓여갔다. 분위기는 완전히 바뀌었다. 임상 심리학자와의 여러 차례에 걸친 만남도 결실을 보였다. 크리스토퍼는 훌륭한 환자였다. 뇌와 신경 과학의 기계론적인 복잡한 설명에도 즐겁게 귀를 기울였다. 그는 처음으로 자신이 성인 대우를 받는 것 같다고 했다. 크리스토퍼는 임상 심리학자와 가정생활이며 미래의 목표에 대한 대화도 나눴다. 그는 자격증을 따고 싶어 했지만 일단 집을 떠나야 한다고 생각했다. 그는 부모님과 레오를 사랑했지만 가족들은 그를 어른으로 대해주지 않았기에 독립이 필요했던 것이다.

4개월 뒤 크리스토퍼는 지팡이의 도움을 받아 정상에 가까운 상태로 돌아다닐 수 있게 됐고 상태는 계속 나아졌다. 혼자 밥을 먹고 옷을 입고 컴퓨터도 할 수 있었다. 가끔 피곤한 모습을 보였으나 다들 그가 괜찮으리란 걸 잘 알았다. 그의 부모님은 말할 것도 없이 아주 기뻐했다. 정말이지, 대단한 변화였으니까.

나는 문득 편지 생각이 났다. 나는 전문적 치료 의뢰의 승인 담당자에게 다시 편지를 써서 한 젊은이를 정상 생활이 불가능한 마비로부터 벗어나게 할 기회를 4년이나 거부한 그들의 결정이 얼마나 부당했는지 알려주자고 제안했다. 그들이 크리스토퍼와 그의 가족에게 제대로 사과할 때까지 돌봄 관리 위원회, 영국 의료 협회에 정식으로 항의하고 언론에도 알릴 생각이었다. 그러나 크리스토퍼네 가족의 반응은 시큰둥했다. 과거에 연연할 필요가 있나요? 애가 잘하고 있는데 괜히 긁어 부스럼을 만들 필요는 없잖아요? 지역 의료팀도 그들의 위치에서 나름대로 최선을 다했을 뿐이라고, 돌이켜보면 모두가 각자의 방식대로 행동했으니 굳이 소란을 피우고 싶지 않다고, 그들은 말했다.

나는 재검진을 위해 에이미를 병원에서 다시 만났다. 그녀의 남편도 함께 왔다. 그녀가 뇌종양 진단을 받은 지 1년 정도 지난 시점이었다. 그녀의 건강은 눈에 띄게 안 좋아졌다. 걸을 때도 넘어지지 않기 위해 카트 같은 것을 밀며 걸어야 했다. 말이 자꾸만 끊겼고 연결되는 말을 잊어버리곤 했다. 뇌종양으로 표현력 있는 말과 몸 오른쪽을 제어하는 기능을 책임지는 좌측 전두엽 일부가 파괴됐기 때문이다(손상이 더욱 심해지면 흔한 생활어 몇 개, 심지어 단어의 일부만 말할 수 있게 된다).

"노력해요…. 천천히 걷고… 말하고 최선을 다해요…. 발작은 없어요, 야호!" 그녀는 엄지를 들어 보였다.

남편 마크는 다정하고 요령 있게 도와주려고 애썼다. "맞아요. 힘들긴 했지만 더 안 좋을 수도 있었겠죠. 병원과 맥밀런팀(영국 맥밀런 암 지원 센터의 암 환자 지원팀 - 옮긴이)의 훌륭한 지원을 받았고 덕분에 가족 모두가 귀중한 시간을 보낼 수 있었어요. 제이드도 힘들어하지만 그럭저럭 잘 지내고요. 장모님이 발 벗고 나서주셔서 정말 감사했죠. 장모님 없이는 해낼 수 없었을 거예요."

에이미는 나를 흘긋 쳐다봤다. 나는 그 눈빛을 그녀가 아직 남편에게 그 이야기를 털어놓지 않았다는 뜻으로 받아들였다. 오랜 침묵 끝에 어렵게 학대의 기억을 털어놓자고 마음먹었는데 곧이어 해결 불가능한 딜레마에 빠져 적절한 단어를 말하는 능력을 잃고 말았으니 이 얼마나 잔인한 일인가.[13]

짧은 대화였지만 에이미는 힘들어했다. 나로서는 할 수 있는 게 별로 없었다. 나는 그들을 응원하며 작별 인사를 나눴다. 다음 날 마크에게서 전화가 왔다. 어제 병원 코너에 있는 미터기 옆에다 주차를 했는데 에이미의 이동 문제로 예상보다 시간이 오래 걸려서 딱지를 떼였다는 것이다. 그는 내가 도와줄 수 있는지, 혹시 편지라도 써줄 수 있는지 물었다. 당연히 되고말고! 나는 속기용 녹음기를 들고 절묘하게 연마되고 통제된 분노를 쏟아냈다.

아무 소식도 듣지 못하고 그 일에 대해 거의 잊고 지낸 지 6개월 뒤 나는 마크로부터 손 편지를 받았다. 그는 내가 알고 싶어 할 것 같다며, 예기치 않게 의회에서 주차 위반 벌금에 대한 항의를 고려해 전액 환불을 결정했다는 확인서를 보내왔다고 썼다. 편지가 효과가 있었던 것이다. 그는 내가 한

252

일에 대해 고마워했다. 그리고 이어서 이렇게 썼다. "에이미는 2주 전에 하늘나라로 갔습니다. 그녀가 원했던 대로 온 가족이 집에 있을 때 아주 평화롭게 떠났어요."

크리스토퍼를 마지막으로 본 건 외래 병동에서였다. 그는 혼자 대중교통을 타고 내원했다. 그는 아주 좋아 보였다. 몸도 멋진 데다 얼굴도 꽤 잘생겼다. 그는 자신의 근황을 전하며 활짝 웃었다. 현재 그는 칼리지에서 A 레벨 시험을 준비하고 있으며, 아직은 가족들과 같이 살고 있지만 공유 주택을 알아보고 있는 중이었다. 그간 낭비한 세월을 떠올리거나 이미 대학에 다니는, 또는 취직을 한 학교 친구들을 보면 기분이 처질 때도 있고 다시 예전처럼 될까 봐 두려울 때도 있지만 감당할 수 있을 정도라고 했다.

나는 예전 일을 돌아보며 그가 겪었던 일을 이해하는지, 자신의 몸을 움직일 수 없다는 게 어떤 기분이었는지 물었다. 애석하게도 충격적인 폭로 같은 건 없었다. 크리스토퍼는 "내 몸이 내 몸이 아닌 것 같았어요."라며 그저 초연한 기분이었다고 말했다. 전부 당황스럽고 낯설었다고. 그는 요추 천자를 떠올리며 엄청 겁이 났다고 했다. 의사가 자신의 척수에 단검을 꽂는 것만 같았고, 그러다 갑자기 모든 느낌이 사라졌다고 했다. 가장 도움이 됐던 게 무엇이냐고 묻자 그는 망설임 없이 팀원들의 긍정적이고 수용적인 태도였다고 답했다. 또 그가 가진 문제에 대한 설명도 어느 정도는 타당하게 여겨졌다고 했다. 그러면 경두개 자기 자극술은? 그가 말했다. 경두개 자기 자극술은 상황을 완전히 뒤바꿔놨죠. 제가 회복될 수 있다는 확실한 신호를 보내줬으니까요.[14]

나는 에이미와 크리스토퍼 생각을 자주 한다. 그들은 아주 다르면서도 공통점이 많았다. 둘 다 기능성 신경학적 장애를 겪었으며, 그러한 상태를 야기한 요소를 정신적인 것과 신체적인 것으로 분리하려는 시도는 모조리 실패하고 말았다. 이들 각각은 정신 건강 의학 분야의 임상 업무 대부분에 붙어 다니는 경직된 형태의 심신 이원론에 반하는 동시에, 보다 다채로운 전체론을 지지한다고 볼 수 있는 전형적인 사례. 나는 물질적인 뇌 외에 어떤 영혼이나 생명력 같은 게 있다고 믿지 않기에 환원주의(복잡한 개념을 기본적인 하나의 원리나 요인으로 설명하려는 경향 - 옮긴이)적이라는 비난을 받을 수도 있다. 내가 다년간의 실무 경험으로 확실히 알게 된 게 있다면, 그건 바로 모든 정신생활은 결국 뇌의 작용으로 요약된다는 것이다. 하지만 뇌는 경험과 강력한 영향이 연결된 세계 속에 존재하기도 한다. 따라서 진정한 도전은 생물적, 심리적, 사회적 연속체상에서 적절한 수준의 설명을 찾는 일일 것이다.

위대한 소설을 떠올려보자. 그것을 가장 잘 이해할 수 있는 방법은 무엇일까? 멀리서 보면 책은 다 똑같이 생겼다. 현미경으로 책을 들여다보면 눈에 보이는 건 섬유소에 안료로 찍힌 점뿐이다. 그렇지만 그 양극단 사이의 어딘가에서 우리는 여러 의미가 엮여 언어와 문화로 완성된 하나의 태피스트리를 발견한다. 어떤 사람은 유전 암호를 방해하는 단 하나의 분자나 발화되지 않은 어느 신경 세포 집단에 삶 전체가 달려 있을 수도 있으며, 또 어떤 사람은 공유된 역사에 대한 고려나 해독 없이 삶의 딜레마를 이해하는 것이 불가능하다.

과학은 에이미의 뇌종양이 퍼지는 것을 막을 수 없었고, 크리스토퍼의 마음속에서 무슨 일이 일어나고 있는지에 대한 유익한 정보를 주지 못했다. 과학은 과거를 바로잡거나, 두 사람에게 가족 외의 대안적 생활을 제공해주지도 못했다. 어떤 과학적 도전은 그저 시간문제일 뿐이다. 그럼에도 의학은 모든 영역에 걸쳐 신뢰를 회복하고 가끔은 삶을 완전히 바꿔놓을 수 있는 지식을 찾아 언제나 심연 너머로 손을 뻗는다.

감사의 말

나의 스승, 멘토, 동료, 학생 들에게 감사한다. 무엇보다 환자들에게 감사의 말을 전한다. 이 모든 게 그분들 덕분이라고 말하고 싶다.

초고에 대해 논평을 해준 루이스 애플비, 찰스 기키, 마이클 데이비드, 앤드루 호지키스, 에두아르도 이아코포니, 사미르 자우하르, 닉 메드포드, 팀 니콜슨, 울리케 슈미트에게 감사한다. 그리고 개인적인 경험을 모두와 나누는 데 동의해준 '패트릭', '빅토리아', '제니퍼', '크리스토퍼'에게도 감사한다.

편집을 맡아준 알렉스 크리스토퍼에게도 고맙다는 말을 하고 싶다. 그는 세세한 부분을 놓치지 않는 눈과 여운을 만들어내는 귀를 아낌없이 활용해 단순한 사례 보고서를 진짜 책으로 격상시켜줬다.

나는 이 책을 집필하며 관계자들의 익명성을 지키기 위해 최선을 다했다. 모든 사례에 등장하는 이름, 나이, 성별 및 기타 개인적인 특징, 그리고 주요 사실을 누구에 대한 것인지 알아볼 수 없도록 바꿔서 실었다. 실은 대부분의 이야기들이 여러 사람과 사건을 합쳐놓은 것이다. 그럼에도 나는 이 이야기들의 배경에

깔려 있는 본질적 '진실'은 유지됐기를, 그리고 그 토대가 되는 삶과 현실은 제대로 다뤄졌기를 바란다. 나는 이 책이 비슷한 문제나 질환을 가진 사람들에게 도움을 줄 수 있으리라고 믿으며, 바로 이런 이유로 실제 사례를 끌어다 쓴 것이 정당화될 수 있으리라고 믿는다.

참고 문헌

들어가며

1   Bolton, D. and Gillett, G., The Biopsychosocial Model of
    Health and Disease. (Cham: Palgrave Pivot, 2019), pp. 1–145
    (2명의 임상 철학자가 최근 출간한 해당 모형 관련 평론 및 변론).

2   Jaspers, K., General Psychopathology (7th edn), trans. J.
    Hoenig and M.W. Hamilton (Baltimore: Johns Hopkins
    University Press, 1913/1997).

3   Laing, R.D., The Divided Self. Modern Classics. (London:
    Penguin Books, 2010) [처음에는 The Divided Self: A Study
    of Sanity and Madness라는 제목으로 출판됨 (London:
    Tavistock Publications, 1960)].

chapter 1. 도파민

1   Fahn, S., 'The History of Dopamine and Levodopa in the
    Treatment of Parkinson's Disease', Movement Disorders, 23

(Suppl 3), 2008, pp. S497－508.

2   Howes, O.D., 'What the New Evidence Tells Us About
     Dopamine's Role in Schizophrenia', in Schizophrenia: The
     Final Frontier － a Festschrift for Robin M. Murray. eds
     A.S. David, S. Kapur and P. McGuffin (Hove East Sussex:
     Psychology Press, 2011), pp. 365－72.

3   Crow, T.J., Johnstone, E.C. and McClelland, H.A. 'The
     Coincidence of Schizophrenia and Parkinsonism: Some
     Neurochemical Implications', Psychological Medicine, 6,
     1976, pp. 227－33.

4   클로자핀의 효능은 조현병의 도파민 가설에 또 다른 타격
     이 된다고 할 수 있지만 그리 치명적이지는 않다. 이것은 도
     파민 수용체를 차단하긴 하나 그 정도가 매우 약하다. 또 광
     범위한 다른 신경 전달 물질계에도 영향을 미친다고 알려
     져 있으며, 따라서 움직임에 관한 부작용 측면에서는 비교
     적 순한 편이다.

5   Rogers, J., Pollak, T., Blackman, G. and David, A.S. (2019)
     'Catatonia and Immune Dysregulation: A Review'. [온라
     인]. (http://dx.doi.org/10.1016/S2215-0366(19)30190-7).
     Lancet Psychiatry 6 (7). (2019년 7월 1일에 접속).

6   많은 신경학적, 정신 건강 의학적 현상이 인공 두뇌학적 접
     근법을 이용한 분석의 덕을 보고 있다(Spence, S.A., 'Alien

Motor Phenomena: A Window on to Agency', Cognitive Neuropsychiatry, 7, 2002, pp. 211-20 참조). 움직임은 지시나 '의지'에서 출발한다. 움직임 신호는 운동 제어 기관으로 전해지고 나서 다시 관계되는 기관을 선택하고 가동시킨다. 움직임에 대한 정보는 '비교기'로 보내져 조절이 이뤄진다(예를 들어, 팔을 덜 뻗거나 너무 많이 뻗으려고 할 때 수정이 가능하다). 지시자는 자신이 의도한 동작과 다른 곳에서 발생한 동작을 구별할 수 있어야 한다. 지시가 내려질 때마다 지시자는 비교기에 어떤 동작을 요구하는 메시지를 보내는데, 이는 온라인으로 티켓을 예매할 때 받는 확인 메일과 같은 것으로 전문 용어로는 원심성 신경 복사본이라고 한다. 그러므로 만약 뭔가 당신의 팔을 붙잡고 이쪽저쪽으로 움직인다면 원심성 신경 복사본이 없는 것이다. 이때 당신이 무슨 일이 일어나는지 확인하지 않아도 '시스템'이 그 동작을 외부 요인에 의한 것으로 결론짓는다. 마찬가지로, 만약 어떤 움직임에 대한 의도—원심성 신경 복사본이 있는—뒤에 움직이는 느낌(또는 움직임이 일어났다는 피드백)이 이어지지 않는다면 그건 당연히 메시지 자체의 문제가 아니라 메시지가 전달되지 않은 것이다. 파킨슨병에 걸린 사람은 움직이지 못하거나, 자신이 하고자 하는 동작을 실행하지 못할 수 있다. 의도는 있으나(원심성 신경 복사본과 노력하는 느낌이 있으므로 느낄 수 있다), 그런 일이 일어나지 않는 것이다. 반대로 그 사람에게 떨림(파킨슨병의 또 다른 주요 증상)이 있는 경우, 그는 이것이 고의적인 움직임이 아니라 그냥 일어나는 일이라는 것을 안다. "파킨슨병 때문이야!" 수동성 경험에서 문제시될 수 있는 점은 움직이려는 의도 뒤에 원심성 신경 복사본이 이어지지 않아(확인 메일이 발신 또는 전달되지 않아) 그것이 자신의 의도가 아니라 다른 누군가의 의도에 의한 것이라고 느끼는 것이다. 이것과 파킨슨병의 떨림이 다른 이유가 뭘까? 아마도 파킨슨병에서는 기관 자체가 작동하지 않지만(병으로 기관이 고장 났기 때문에) 조현병의 수동성은 그 문제가 시스템상의 '더 높은 곳'인 의도 자체에서 발생하기 때문일 것이다. 이 움직임은 의도된 행동의 모든 특징을 갖고 있다. 내가 할 수 있거나 전에 했을 수 있는 그 어떤 것이되, 다만 이번에는 내가 그것을 했다는 느낌이 없을 뿐이다. "나는 메일을 받지 않았다!" 문제의 원인은 의도된 움직임의 실행이 아니라 그 시스템의 원심성 신경 복사본에 있다(이것이 제대로 작동하지 않아서). 또 다른 설명은 제어 메커니즘이 아닌 인간의 속성에 문제가 있다고 보는 것이다. 우리는 모든 것을, 특히 예상치 못했던 일을 설명하려고 하는 경향이 있다.

사람에 따라, 그리고 그 사람의 배경과 경험에 따라 어떤 설명을 선택하느냐가 달라진다. 몸이 원하는 대로 움직이지 않을 때 신경 질환 때문에 그렇다고 하거나 외부의 힘이 작용해서 그렇다고 하는 것처럼.

chapter 2. 스트로베리 필즈여, 영원하라

David, A.S., 'On the Impossibility of Defining Delusions', Philosophy, Psychiatry, & Psychology, 6, 1999, pp. 17 - 20.

2 만일 내가 1950년 브라질 월드컵에서 잉글랜드팀 주장이었 다고 말한다면, 그때는 내가 아직 태어나지도 않았으므로 분명히 논리에 어긋나는 망상(구체적으로는 망상적 기억)일 것이다. 뿐만 아니라 나는 내가 그 팀에 들어가지 않았다는 사실을 기꺼이 인정할 것이다.

3 현대의 정신 건강 의학은 뇌의 어떤 부분에 발생한 문제를 탓하는 엄격한 방법을 피하고, 문제시되는 과정에 따라 결 함을 설명하는 걸 선호한다. 태세 전환(보다 일반적으로는 문 제 해결)은 보통 '실행 기능'으로 분류된다.

4 Noyes, R., Jr. and Kletti, R., 'Depersonalization in the Face of Life-Threatening Danger: An Interpretation', OMEGA - Journal of Death and Dying, 7, 1976, pp. 103 - 14.

5 Ciaunica, A. and Charlton, J. (2018년 6월 21일). When the Self Slips. [온라인]. (https://aeon.co/essays/what-can-depersonalisation-disorder-say-about-the-self). Aeon. (2018년 6월 25일에 접속).

6   Sierra, M., Senior, C., Dalton, J., et al., 'Autonomic Response in Depersonalization Disorder', Archives of General Psychiatry, 59, 2002, pp. 833 – 8.

7   Ellis, H.D., Whitley, J. and Luauté, J.P., 'Delusional Misidentification: The Three Original Papers on the Capgras, Frégoli and Inter-metamorphosis Delusions', History of Psychiatry, 5, 1994, pp. 117 – 8.

8   Young, A. and Leafhead, K., 'Betwixt Life and Death: Case Studies of the Cotard Delusion', in Method in Madness: Case Studies in Cognitive Neuropsychiatry, eds P.W. Halligan and J.C. Marshall (Hove East Sussex: Psychology Press, 1996), pp. 147 – 71.

9   Ben-Naim, E., Vazques, F. and Redner, S., 'What Is the Most Competitive Sport?', arXiv:physics, 0512143 v1, 2005년 12월 15일.

chapter 3. 신앙을 잃는다는 것

1   Freud, S., 'Mourning and Melancholia', in The Standard Edition of the Complete Psychological Works of Sigmund Freud, Volume XIV (1914-1916): On the History of the Psycho-Analytic Movement, Papers on Metapsychology and

Other Works, ed. J. Strachey (New York: Norton, 1976), pp. 237-58.

2   Brown, G.W. and Harris, T., Social Origins of Depression. (London: Tavistock, 1978).

3   마크 윌리엄스와 그의 팀은 이 주제에 대해 매우 포괄적이면서도 전문적으로 검토했다. Williams, J.M.G., Barnhofer, T., Crane, C., et al., 'Autobiographical Memory Specificity and Emotional Disorder', Psychological Bulletin, 133, 2007, pp. 122-48.

4   Neeleman, J., 'Suicide as a Crime in the UK: Legal History, International Comparisons and Present Implications', Acta Psychiatrica Scandinavica, 94, 1996, pp. 252-7.

5   Durkheim, E., On Suicide, ed. R. Sennett. Trans. R. Buss, 1897. (London: Penguin Classics, 2006).

6   Dervic, K., Oquendo, M.A., Grunebaum, M.F., et al., 'Religious Affiliation and Suicide Attempt', American Journal of Psychiatry, 161, 2004, pp. 2303-8.

7   Thomas, K. and Gunnell, D., 'Suicide in England and Wales 1861-2007: A Time-Trends Analysis', International Journal of Epidemiology, 39, 2010, pp. 1464-75.

8   Hawton, K., Bergen, H., Simkin, S., et al., 'Long Term Effect of Reduced Pack Sizes of Paracetamol on Poisoning

Deaths and Liver Transplant Activity in England and Wales:
Interrupted Time Series Analyses', British Medical Journal,
2013, 346:f403.

9   Rubin, D.C. (ed.), Remembering Our Past: Studies in
Autobiographical Memory. (Cambridge: Cambridge University
Press, 1999), pp. 244–67.

10   이는 자전 기억에 관한 연구에서 비롯된 새로운 심리 치료
접근법의 개발을 설명한 글이다: Dalgleish, T. and Werner-
Seidler, A., 'Disruptions in Autobiographical Memory Processing
in Depression and the Emergence of Memory Therapeutics',
Trends in Cognitive Sciences, 18, 2014, pp. 596 – 604.

chapter 4. 우리 둘이서

1   Snaith, R.P. and Taylor, C.M., 'Irritability: Definition,
Assessment and Associated Factors', British Journal of
Psychiatry, 147, 1985, pp. 127 – 36.

2   Angst, J. and Sellaroa, R., 'Historical Perspectives and Natural
History of Bipolar Disorder', Biological Psychiatry, 48, 2000,
pp. 445 – 7.

3   Crammer, J.L., 'Periodic Psychoses', British Medical Journal,
1 (5121), 1959, pp. 545 – 9.

4 대부분의 사람들은 엄격한 24시간 주기의 틀 안에서 살고 있다고 느낀다. 어떤 이들은 일찍 일어나기를 선호하고 하루 중 이른 시간에 많은 일을 하는 반면(아침형), 또 어떤 이들은 저녁이 다 돼서야 일어나곤 한다(저녁형). 이러한 '일주기성(크로노타입)'과 양극성 기분 장애 성향의 관계에 대한 연구가 이뤄지고 있지만 특별히 드러난 관련성은 없다. 다만 양극성 기분 장애는 기본적인 생물학적 리듬의 일부가 제어 불능 상태가 됐을 때 발생하는 것으로 여겨진다.

5 이 주제에 대한 유용한 논문집: Morgan, C., McKenzie, K. and Fearon P. (eds), Society and Psychosis. (Cambridge: Cambridge University Press, 2008).

6 Lewis, G., Croft-Jeffreys, C. and David, A., 'Are British Psychiatrists Racist?', British Journal of Psychiatry, 157, 1990, pp. 410 - 15.

7 MacPherson, W., The Stephen Lawrence Inquiry. Report of an Inquiry.[온라인]. (http://webarchive.nationalarchives.gov.uk/20130814142233/http://www.archive.officialdocuments.co.uk/document/cm42/4262/4262.htm). United Kingdom: The Stationery Office. (2019년 7월 1일에 접속).

8 Fanon, F., Black Skin, White Masks. Paris: Éditions du Seuil, trans. R. Philcox, 1952. (New York: Grove, 2008).

9 'Altérations mentales, modifications caractérielles, troubles

psychiques et déficit intellectuel dans Thérédo-dégénération spino-cérébelleuse: à propos d'un cas de maladie de Friedreich avec délire de possession' (med. thesis, 1952, University of Lyon). As cited by Keller, R.C., 'Clinician and Revolutionary: Frantz Fanon, Biography, and the History of Colonial Medicine', Bulletin of the History of Medicine, 81, 2007, pp. 823-41. 프리드리히 운동 실조증은 유전적인 신경 퇴행성 질환으로 점진적이지만 무자비할 정도로 악화되는 불안정한 움직임, 운동 불능, 치매로 이어진다.

10   Keller, R.C., 'Clinician and Revolutionary: Frantz Fanon, Biography, and the History of Colonial Medicine', pp. 823-41; Bulhan, H.A., 'Frantz Fanon: The Revolutionary Psychiatrist', Race and Class, 21, 1980, pp. 251-71.

11   Fanon, F., Black Skin, White Masks, p. 168.

12   Beauclerk, C., Piano Man: A Life of John Ogdon. (London: Simon & Schuster, 2014).

13   거슈윈은 정신 건강 의학과 관련이 깊다. 그는 38세에 고무 타는 냄새가 난다며 불평을 하고 자신의 곡을 연주하다가 잊어버리는 등 예측할 수 없는 돌발 행동을 보이기 시작했다. 처음에는 의사들이 '히스테리인 것 같다'며 그를 퇴원시켰지만(그는 당시에 정신 분석 치료를 받았다), 곧 그의 측두엽에 (후각 환각이 전형적인 증상인) 이상이 있었음이 밝혀졌다.

몇 주 뒤 사망한 그의 뇌에서는 악성 종양(우측두엽의 교모 세포종)이 발견됐다.

14 '우리 둘이서(Just the Two of Us)'는 1981년에 빌 위더스, 윌리엄 솔터, 랄프 맥도널드가 작곡하고 그로버 워싱턴 주니어와 빌 위더스가 녹음했다.

chapter 5. 먹는 것이 그 사람을 만든다

1 그렐린은 '성장 호르몬 방출 펩타이드'의 약자이며 내가 의대를 졸업한 뒤 한참 후에 발견됐다. 나는 이 명칭을 좋아한다. 배가 고프면 성질을 부리는 사람들에게 딱 어울리는 그렘린이 연상되기 때문이다.

2 시상 하부를 짓누르는 뇌종양은 두드러진 식욕 부진이나 과식을 유발할 수 있다. 이론적으로는 흥미롭지만 비극적인 유전적 질환인 프래더 윌리 증후군은 15번 염색체의 결손에 의해 발생한다. 이 질환이 있는 아이들은 포만감을 느끼지 못해 식탐을 부리게 된다. 이것이 단순히 그렐린 수치의 증가에 따른 결과라는 초기의 발상은 사실로 증명되지 않았다. Cassidy, S.B., Schwartz, S., Miller, J.L., et al., 'Prader – Willi syndrome', Genetics in Medicine, 14, 2012, pp. 10 – 26.

3 기술적인 세부 사항에 대해 더 알아보고자 한다면 다음 논문을 추천함: Anderman, M.L. and Lowell, B.B., 'Toward

a Wiring Diagram Understanding of Appetite Control',
Neuron, 95, 2017, pp. 757 – 8; Ferrario C.R., Labouebe, G.,
Liu, S., et al., 'Homeostasis Meets Motivation in the Battle
to Control Food Intake', Journal of Neuroscience, 36, 2016,
pp. 11469 – 81.

4 걸은 빅토리안 시대의 걸출한 인물로 빅토리아 여왕의 주치
의 중 하나였다. 그는 여성의 의료계 진출을 옹호했다.

5 Bruch, H., 'Perceptual and Conceptual Disturbances in
Anorexia Nervosa', Psychosomatic Medicine, 24, 1962, pp.
187 – 94.

6 Orbach, S., Fat Is a Feminist Issue: The Anti-Diet Guide
to Permanent Weight Loss. (New York: Paddington Press,
1978).

7 Zipfel, S., Giel, K.E., Bulik, C.M., et al., 'Anorexia Nervosa:
Aetiology, Assessment, and Treatment', Lancet Psychiatry, 2,
2015, pp. 1099 – 11.

8 뇌종양이나 더 드물게는 뇌졸중, 뇌손상, 뇌 기형 등이 신
경성 식욕 부진증이나 비정형적인 장애로 이어지는 경우
가 아주 가끔 있다. 부위는 시상 하부인 경우가 가장 흔하
지만, 측두엽이나 전두엽에 종양이 있는 경우(우측에서 좀 더
흔함) '전형적인' 신경성 식욕 부진과 구분이 거의 안 되는
사례가 있으며 이는 단순히 '식욕의 문제'라는 설명에 반하

는 증거가 된다(Uher, R. and Treasure, J., 'Brain Lesions and Eating Disorders', Journal of Neurology, Neurosurgery and Psychiatry, 76, 2005, pp. 852–7).

9 Freud, S., The Ego and the Id, Standard Edition, 19, 1923, pp. 1–66.

10 이른바 비우성 반구다. 언어 능력은 프로이트가 상기시켜주듯이 '우성'인 좌반구에 의해 제어된다(chapter 7 참조).

11 Catani, M.A., 'Little Man of Some Importance', Brain, 140, 2017, pp. 3055–61 (펜필드의 호문쿨루스를 멋진 그림과 함께 현대적으로 업데이트함).

12 Rozin, P. and Fallon, A.E., 'A Perspective on Disgust', Psychological Review, 94, 1987, pp. 23–41.

13 Rozin, P., Haidt, J., McCauley, C., et al., 'Individual Differences in Disgust Sensitivity: Comparisons and Evaluations of Paper-and-Pencil Versus Behavioral Measures', Journal of Research in Personality, 33, 1999, pp. 330–51.

14 Phillips, M.L., Senior, C., Fahy, T., et al., 'Disgust: The Forgotten Emotion of Psychiatry', British Journal of Psychiatry, 172, 1998, pp. 373–5.

15 Dell'Osso, L., Abelli, M., Carpita, B., et al., 'Historical Evolution of the Concept of Anorexia Nervosa and Relationships with Orthorexia Nervosa, Autism, and

Obsessive – Compulsive Spectrum', Neuropsychiatric Disease and Treatment, 12, 2016, pp. 1651 – 60.

16 Bell, R.M., Holy Anorexia. (Chicago: University of Chicago Press, 1985).

17 Griffin, J. and Berry, E.M., 'A Modern Day Holy Anorexia? Religious Language in Advertising and Anorexia Nervosa in the West', European Journal of Clinical Nutrition, 57, 2003, pp. 43 – 51.

chapter 6. 조용한 음악

1 Monti, M.M., Laureys, S. and Owen, A.M., 'The Vegetative State', British Medical Journal, 2010, 341:c3765.

2 Bateman, D.E., 'Neurological Assessment of Coma', Journal of Neurology Neurosurgery and Psychiatry, 71 (Suppl I), 2001, pp. (i)13 – 17.

3 Hume Adams, J., Graham, D.I. and Jennett, B., 'The Neuropathology of the Vegetative State After an Acute Brain Insult', Brain, 123, 2000, pp. 1327 – 38 ('글래스고 혼수 척도'의 본바탕에 대한 연구).

4 First Vintage International edn. (New York: Random House, 1998).

5   Monti, et al., 'The Vegetative State', 341:c3765.

6   Owen, A.M., Coleman, M.R., Boly, M., et al., 'Detecting Awareness in the Vegetative State', Science, 313, 2006, p. 1402.

7   앨런 튜링이 고안해낸 테스트라 그의 이름이 붙었다(Turing, A.M., 'Computing Machinery and Intelligence', Mind, LIX (236), 1950, pp. 433-60, doi.org/10.1093/mind/LIX.236.433).
그는 질문자가 기계 또는 계산 장치(또는 증인)의 대답을 인간의 대답과 구분하지 못한다면 기계도 의식을 갖는 것으로 말할 수 있다고 주장했다. 튜링이 자신의 논문에 정리해둔 이 제안의 장단점은 그동안 상세한 조사를 통해 대부분 최근 연구로 대체됐다. 그러나 그가 실례로 들었던 가상의 대화는 한번 되짚어볼 만하다.

질문자: 소네트의 첫째 줄 '내가 그대를 여름날에 비교할까'에서는 '봄날'이 좀 더 낫지 않을까요?

증인: 그러면 운율이 맞지 않을 거예요.

질문자: '겨울날'은 어때요? 그건 운율이 맞을 것 같은데요.

증인: 네. 하지만 겨울날과 비교되고 싶은 사람은 아무도 없을 거예요.

질문자: 당신은 픽윅 씨가 크리스마스를 떠올리게 한다고 생각하나요?

증인: 어느 정도는요.

질문자: 크리스마스는 겨울날이니까 나는 픽윅 씨가 그 비교를 언짢아할 거라고 생각하지 않아요.

증인: 당신은 진지하지 못하군요. 겨울날이라는 건 크리스마스처럼 특별한 날이 아니라 평범한 겨울날을 의미해요. 대부분의 사람들은 이 사례에 등장하는 증인을 문화적, 문학적 연관성, 수사적 화법, 그리고 유머 감각에 대한 공유된 이해에 근거해 사람으로 판단할 것이다.

8   Jaspers, T., Hanssen, G.M.J., van der Valk, J.A., et al., 'Pervasive Refusal Syndrome as Part of the Refusal – Withdrawal – Regression Spectrum: Critical Review of the Literature Illustrated by a Case Report', European Child and Adolescent Psychiatry, 18, 2009, pp. 645 – 51. 이 증후군의 많은 변종들은 특정한 문화적 맥락에서 발생한다. 예를 들면, 스웨덴에서 생겨 스웨덴어로 불리는 Uppgivenhetssyndrom 이라고 하는 체념 증후군은 잔류 허가 판결을 오래도록 기다리는 망명 신청자에게서 자주 나타났다. 이는 양극화된 정치적 반응을 일으켜, 혹자는 엄마들이 아이들로 하여금 일부러 그런 행동을 하도록 시켜서 정부에 대한 감정적인 협박 수단으로 이용하는 것이라고 주장한 반면, 또 다른 이들은 이를 큰 정신적 충격을 받은 아이들의 절망적인 반응으로 봤다(see Bodegård, G., 'Comment on the Paper "Pervasive Refusal Syndrome (PRS) 21 Years On: A Reconceptualization

and Renaming", by Ken Nunn, Bryan Lask and Isabel Owen',
European Child and Adolescent Psychiatry, 23, 2014, pp. 179–
81). 또 하나의 변종이라 할 수 있는 것은 전반적 거부 증
후군이 생긴 지 몇 년 뒤에 일본에서 처음 등장한 히키코
모리가 있다. 주로 젊은 남성에게서 나타나는데, 이들은 모
든 사회적 교류를 끊고 살다가 가끔 타인(보통은 부모)으로
부터 압박을 받으면 폭력을 행사하기도 한다. 이 현상의 원
인에 대한 견해 역시 게으름에서부터 비디오 게임, 인터넷,
아동 학대까지 분분하게 제시됐다(see Koyama, A., Miyake,
Y., Kawakami, N., et al., 'Lifetime Prevalence, Psychiatric
Comorbidity and Demographic Correlates of "Hikikomori" in
a Community Population in Japan', Psychiatry Research, 176,
2010, pp. 69–74).

9 Lask, B., Britten, C., Kroll, L., et al., 'Children with Pervasive
Refusal', Archives of Diseases of Childhood, 66, 1991, pp.
866–9.

10 의학에는 '일반적인 사실을 입증하는 예외'가 많다. 그중 하
나는 혼수상태인 환자에게서 알파파 주파수에 해당하는 파
형이 나타나는 '알파 혼수상태'다(다만 이 리듬은 일반적이지
않게 두피 앞쪽에서부터 감지되며 눈을 떠도 사라지지 않는다).

11 신경 생리학자들은 이를 '양자극 방안'이라고 부른다.

12 Balconi, M., 'State of Consciousness and ERP (Event-

Related Potential) Measures. Diagnostic and Prognostic Value of Electrophysiology for Disorders of Consciousness', Neuropsychological Trends, 10 2011, pp. 43 - 54.

13 33쪽 참조. "'긴장증'은 주로 움직임 또는 말이 없어지거나 비정상적인 자세가 지속되는 것이 특징인···."

14 McFarland and Company, Jefferson, North Carolina, 2012.

15 Freeman, C.P. and Kendell, R.E., 'ECT: 1. Patients' Experiences and Attitudes', British Journal of Psychiatry, 137, 1980, pp. 8 - 16.

16 Rose, D., Wykes, T., Leese, M., et al., 'Patients' Perspectives on Electroconvulsive Therapy: Systematic Review', British Medical Journal, 326, 2003, p. 1363.

17 Luty, J., 'Controversial Treatments in Psychiatry', British Journal of Psychiatry: Advances, 23, 2017, pp. 169 - 78.

18 'Electroconvulsive Therapy (ECT): The Clinical Effectiveness and Cost Effectiveness of Electroconvulsive Therapy (ECT) for Depressive Illness, Schizophrenia, Catatonia and Mania', (England: National Institute for Health and Care Excellence, 2003, TA59; modified 2009).

19 유일하게 빈틈이 없는 연구는 이중 맹검, 무작위로 설계된—참가자와 연구자 모두 누가 진짜 치료를 받고 누가 위약을 투여받는지 모르게 하는—것이며, 여기에서 위약이란

전신 마취는 받되 전기 충격은 받지 않는(그리고 이것을 6회
나 12회, 또는 기타 횟수로 반복하는) '가짜 전기 경련 요법'뿐
이다. 게다가 돈 많은 제약 회사들이 전기 경련 요법의 효과
를 증명함으로써 자산을 불리려고 할 리는 없으므로, 이상
적인 연구의 비용(수십억 원)은 온전히 정부 지원을 받는 보
건 서비스나 연구회가 부담하게 된다.

20   Aviv, R. (2017년 3월 27일). 'Letter from Sweden: The Trauma
     of Facing Deportation'. [온라인]. (www.newyorker.com/
     magazine/2017/04/03/the-trauma-of-facing-deportation).
     (2019년 6월 25일에 접속).

chapter 7. 우리는 가족

1   Gelauff, J., Stone, J., Edwards, M., et al., 'The Prognosis of
    Functional (Psychogenic) Motor Symptoms: A Systematic
    Review', Journal of Neurology Neurosurgery and Psychiatry,
    85, 2014, pp. 220–6.

2   아동을 대상으로 한 성적 학대를 추산하는 데에는 많은 어
    려움이 따른다. 자기 노출에 기반 한 증거 서류나 보고서
    가 있는 경우는 극히 드물다. 기능성 신경학적 장애가 있는
    사람들과 기타 일반 정신병 환자를 비교한 최근의 한 연구
    에 따르면, 병원 기록상에는 양쪽 모두에서 약 20%라는 비

슷한 비율이 나왔다(O'Connell, N., Nicholson, T., Wessely, S., et al., 'Characteristics of Patients with Motor Functional Neurological Disorder in a Large UK Mental Health Service: A Case-Control Study', Psychological Medicine, 2019, pp. 1-10, doi:10.1017/S0033291719000266). 이 분야의 연구자 대부분은 이 수치가 실제로는 더 널리 퍼져 있는 학대를 너무 낮게 추산했다고 여긴다.

3 스트레스 사건에 대한 철저한 조사와 엄중한 정의가 이뤄진 연구에서, 이 사건들은 실제로 전환 장애가 있는 사람들에게서 특히 그 질환이 발생하기 직전에 더 흔하게 나타났다(Nicholson, T.R., Aybek, S., Craig, T., et al., 'Life Events and Escape in Conversion Disorder', Psychological Medicine, 46, 2016, pp. 2617-26). 이는 그 분야의 모든 관련된 연구를 아주 세세하게 검토한 결과로도 확인됐다[Ludwig, L., Pasman, J.A., Nicholson, T., et al., 'Stressful Life Events and Maltreatment in Conversion (Functional Neurological) Disorder: Systematic Review and Meta-analysis of Case-Control Studies', Lancet Psychiatry, 5, 2018, pp. 307-20].

4 이 사회 과학적 용어들은 분열을 초래하거나 오해받기 쉽지만, 생물, 심리, 사회적 접근에 훌륭하게 기여한다. 탈코트 파슨스는 사회학자로서 '환자 역할'이라는 용어를 만들어냈다[Parsons, T., The Social System. (London: The Free

Press of Glencoe, Collier MacMillan, 1951, pp. 428-73)]. 그가 보는 관점에서 사회는 다양한 상황에서 사람들에게 할당된 역할에 의해 기능했다. 그가 말하는 사람들의 역할이란 연기 같은 게 아니었다. 그는 아프면 어떤 자격이 생기는 반면에 병이 낫도록 노력하고 의사의 말에 따라야 할 필요가 있다고 주장했다. 후자의 경우는 현대인에게 다소 가부장적으로 들린다. 또 다른 미국의 사회학자 데이비드 메카닉은 1961년부터 질병 행동이라는 개념으로 파슨스의 생각을 상세히 설명했다. 그는 이렇게 썼다. '따라서 질병 행동은 사람들이 자신의 몸을 모니터해 증상을 정의 및 해석하고, 개선책을 강구하고, 다양한 도움의 원천과 보다 공식적인 보건 의료 체계를 이용하는 방식과 관련이 있다.'[Mechanic, D., 'Illness Behaviour: An Overview', in Illness Behavior, eds S. McHugh and T.M. Vallis (Boston: Springer, 1986), pp. 101-109]. 후에 정신 건강 의학과 의사 이시 필로프스키는 이러한 모니터링과 개선책에 온 정신을 빼앗기거나 명백한 질병을 부인하는 경우 등 일부 '심신' 질환은 '이상 질병 행동'의 관점에서 조명해볼 수 있다고 주장했다(Pilowsky, I., 'Abnormal Illness Behaviour', British Journal of Medical Psychology, 42, 1969, pp. 347-51). 우리는 콧물만 훌쩍여도 앓아눕는 사람들, 반대로 직장 동료에게 독감을 전염시키면서도 자신의 꿋꿋함이 칭찬받기를 기대하며 계속 일하는 사람들을 통해 일상에서 이런 행동을 목격할 수 있다. 마지막으로, 이상 의사(醫師) 행동이라는 개념이 뒤늦게 이 논쟁에 끼어들었다. 이는 한편으로는 별것 아닌 신체적, 정신적 증상에 온갖 검사를 다 하는 과잉 진료와 과잉 조사를 벌이는 일을, 다른 한편으로는 모든 예비 환자를 사기꾼이나 꾀병쟁이로 여기는 것을 말한다.

5   이런 종류의 종양은 성상 세포라 불리는 뇌세포에서부터 시작된다. 글자 그대로 '별 세포'라는 뜻을 지닌 이름은 모양 때문에 붙여진 것이다.

6   Kutlubaev, M.A., Xu, Y., Hackett, M.L., et al., 'Dual Diagnosis of Epilepsy and Psychogenic Nonepileptic Seizures: Systematic Review and Meta-analysis of Frequency, Correlates, and Outcomes', Epilepsy & Behavior, 89, 2018, pp. 70-8. (수십 건의 연구와 조사를 검토한 저자는 처음에는 기능적 또는 심인성 비간질성 발작이라는 진단을 받은 사람 중 22%에게 간질도 있었음을 밝혀냈다. 에이미의 경우처럼 간질이 있는 사람 중에서는 약 12%가 기능적 발작을 겪는다.)

7   오늘날에는 성적 학대나 어린 시절의 트라우마와 기능적 발작 간의 관련성을 이해하기 위한 접근법으로 19세기의 억압과 전환 관련 이론보다 '해리'를 이용한다. 해리란 당면한 상황에서 분리돼 주의를 다른 곳으로 돌리거나(이탈), 어떤 생각이 다른 생각으로부터 분리되도록 주의를 분산시키

는(구획화) 정신적 과정이다. 더 자세한 설명은 다음을 참조: Holmes, E.A., Brown, R.J., Mansell, W., et al., 'Are There Two Qualitatively Distinct Forms of Dissociation? A Review and Some Clinical Implications', Clinical Psychology Review, 25, 2005, pp. 1–23. 많은 사람들이 충격적인 경험을 하는 도중에 그런 일이 일어난다고 말하며, 해리(마음이 몸에서 분리돼 외부에서 상황을 지켜보는 것처럼 느껴질 정도로 세 기능을 놓하는 것)를 그와 같은 경험에 대처하는 하나의 방법으로 여긴다. 당시에는 이것이 공포와 고통에 대처하는 방법일 수도 있지만, 살면서 또 다른 충격적인 사건이 있을 때 그 증상이 다시 나타나며 일종의 패턴이 될 수 있다. 이는 이인증(이탈 상태가 계속됨)에 시달리는 사람들이 겪는 일이기도 하다(chapter 2 참조). 자신의 행동에 대한 통제력 부족을 일으키는 것이 바로 구획화라는 해리성 상태다. 기능적 발작은 목격자가 있든 혼자 경험하든 상관없이, 마치 눈 위에 찍힌 발자국을 따라가듯 간질성 발작과 비슷한 양상을 보일 수 있다. 한때는 유용한 도피 기제였던 것이 통제 불능이 돼서 그 자체로 문제가 되는 것이다.

8   도피 기제로서의 질병이라는 불가능한 딜레마 속에서 일어난 기능적 장애를 잘 보여주는 예다(Nicholson, T.R., Aybek, S., Craig, T., et al., 'Life Events and Escape in Conversion Disorder', Psychological Medicine, 46, 2016, pp. 2617–26).

9　크리스토퍼와 같은 환자에게 각 분야의 전문가로 구성된 팀을 도입한 사례는 다음 논문에서 볼 수 있다. McCormack, R., Moriarty, J., Mellers, J.D., et al., 'Specialist Inpatient Treatment for Severe Motor Conversion Disorder: A Retrospective Comparative Study', Journal of Neurology Neurosurgery and Psychiatry, 85, 2014, pp. 895‒900.

10　후버 징후라 불리는 이것은 찰스 프랭클린 후버에 의해 고안돼 1908년에 발표됐다. 후버는 미국의 내과 의사로 클리블랜드에서 일했고 뛰어난 진단적 통찰력을 지닌 것으로 유명했다.

11　Nielsen, G., Stone, J., Matthews, A., et al., 'Physiotherapy for Functional Motor Disorders: A Consensus Recommendation', Journal of Neurology Neurosurgery and Psychiatry, 86, 2015, pp. 1113‒19.

12　같은 방법으로 뛰는 것은 걷는 것보다 더 쉽다. 스코틀랜드의 신경학자 존 스톤 박사의 웹사이트(http://neurosymptoms. org/)를 참조하자. 여기에는 효과적인 치료적 개입에 관한 유용한 설명, 조언, 예시가 가득하다.

13　에이미가 겪은 것과 같은 언어 장애는 1860년대에 외과 의사 폴 브로카에 의해 처음 소개됐다. 그는 뇌에서 언어를 담당하는 부위가 오른쪽이 아니라 왼쪽에 있으며, 꼭 이해력(몇 년 뒤 이해력이 뇌에서 좀 더 뒤쪽에 있는 측두엽과 두정엽,

그중에서도 좌측 부분에 주로 의존하는 것으로 밝혀졌다)에 손
상을 입지 않아도 표현적 언어(말)는 손상될 수 있다고 확
신했다. 저성장 종양이 있었던 브로카의 환자는 결국 자신
의 별명인 '탄'이라는 음절밖에 말할 수 없는 상태가 됐다.
보존됐던 그 환자의 실제 뇌 표본을 fMRI로 스캔한 결과
가 발표됐다(Dronkers, N.F., Plaisant, O., Iba-Zizen, M.T., et
al., 'Paul Broca's Historic Cases: High Resolution MR Imaging
of the Brains of Leborgne and Lelong', Brain, 130, 2007, pp.
1432-41). 그 종양이 있던 부위는 이제 '브로카 영역'이라
불린다. 프로이트는 히스테리에 주목하기 전에 뇌손상으로
인한 언어 장애('실어증')를 연구했다. 신경학자였던 그는 언
어처럼 복잡미묘한 것이 작은 회색질 덩어리에 국한된다는
생각을 달갑지 않게 여겼으며, 대신 상호 연결된 부위가 하
나의 망처럼 기능한다고 봤다(Wallesch, C.-W., 'History of
Aphasia: Freud as an Aphasiologist', Aphasiology, 18, 2004, pp.
389-99). 그의 히스테리 이론의 핵심 전제가 환자가 자신의
문제를 말로 표현할 수 없는 것인 사실도 우연은 아닐 터다.

14 이것이 그저 플라세보 효과였는지, 아니면 일종의 신경 생
리학적인 리셋이었는지는 분명하지 않다. 정신 건강 의학과
의사 팀 니콜슨은 가짜 경두개 자기 자극과 진짜를 비교하
는 제어 실험을 통해 기능적 약화 증상에서 경두개 자기 자
극의 역할을 알아보는 연구를 진행 중이다. 현재 그의 가설

은 (어떤 복잡한 전자 장치와 흰 가운을 입은 연구원에 의해 전달되는 강력한 암시뿐만 아니라) 움직임의 가능성을 보여주는 게 필수적인 요소라는 것이다(Pollak, T.A., Nicholson, T.R., Edwards, M.J., et al., 'A Systematic Review of Transcranial Magnetic Stimulation in the Treatment of Functional (Conversion) Neurological Symptoms. Journal of Neurology Neurosurgery and Psychiatry, 85, 2014, pp. 191–7).

심연 속으로

1판 1쇄 인쇄 2023년 2월 10일
1판 1쇄 발행 2023년 2월 28일

지은이 앤서니 데이비드
옮긴이 서지희

발행인 황민호
본부장 박정훈
책임편집 강경양
기획편집 김순란 김사라
마케팅 조안나 이유진 이나경
국제판권 이주은 한진아
제작 최택순

발행처 대원씨아이㈜
주소 서울특별시 용산구 한강대로15길 9-12
전화 (02)2071-2094
팩스 (02)749-2105
등록 제3-563호
등록일자 1992년 5월 11일

ISBN 979-11-6979-484-8 03180